SENTIERS de GRANDE RANDONNÉE

Merci à tous ceux qui m'ont accompagné sur ces sentiers ou qui m'ont soutenu dans ce vaste projet :
Marc Desplanques, Patrick, Marianne,
Annouk et Floriane Porot, Nina Roussel,
Thierry Ravanel, Béatrice Minster, Eric Magnin,
Jean-Michel Gréloz, Ulrika Asp , Nancy Menu,
François Pallandre, Kareen Allais, Sophie Revel,
Denis Fiat, Robert Chevalier, Didier Givois,
Philippe Royer, Pascal Tournaire,
Jean-Michel Humeau.

A Alexandra et Timothé, mes deux petites étoiles...

Photo de couverture : *sur le tour du Mont-Blanc, le massif vu du balcon Sud, dans le secteur du Brévent.*

4e de couverture : *dans la traversée de la Corse, au col entre le val d'Asco et Carrozu.*

Toutes les photos sont de l'auteur,
sauf p. 5, 36, 50, 57, 60 et 69 gauche (Robert Chevalier)
p. 33, 69 centre et droite, 86, 95, 108, 110, 120 et 128 (Denis Fiat)
p. 116 (Pascal Tournaire)
p. 126/127, 130/131, 132, 133, 140/141, 4e de couverture (Didier Givois)
p. 138 (Philippe Royer)

BP 177, 38008 Grenoble Cedex

ISBN 2-7234-2227-5
Dépôt légal : avril 1998

Mario COLONEL

SENTIERS de GRANDE RANDONNÉE

Glénat

SOMMAIRE

Le massif du Mont-Blanc.

INTRODUCTION - AVERTISSEMENT

Depuis l'enfance, on nous apprend à relier deux points grâce à un trait. A l'école, c'est même tout un art que l'on surnomme géométrie. Le trait en vient à régenter tous nos comportements parce qu'on pense bien vite que le plus court chemin pour relier deux points, c'est la ligne droite. Mais ce simple tracé, généralement direct et sans fioritures prend-il en compte les montées et les descentes, les essoufflements et les émerveillements, les panoramas et les belles histoires, les rencontres et les surprises ? Partir en ligne droite est sans doute ce qu'il y a de plus ennuyeux, car cela ne tient en rien compte des frémissements de la terre. Une randonnée a toujours un début et une fin. Mais en dehors de cet axiome, elle laisse l'âme vagabonder et les mollets réagir. C'est sans doute le plus beau moyen pour découvrir un pays, traduire ces simples courbes de niveaux, cette carte froissée au fond du sac, ces couleurs qui s'entrecroisent comme autant de chemins et de directions à suivre. Nous avons décidé de suivre les plus beaux de ces traits qui viennent se perdre dans la montagne, traversent les combes, rencontrent les bergers, surprennent les chamois, remontent les cascades. Il nous ont entraînés sur la ronde du Mont-Blanc, sur les traces des loups du Mercantour, dans la lumière des mélèzes du Queyras, sur les grands cols perdus des Pyrénées, dans les parterres de fleurs de la Vanoise, vers ces levants qui illuminent les Pyrénées Orientales, entre la terre et le ciel de la Corse, au cœur des hauts sommets de l'Oisans, ou simplement sur les grands plateaux dénudés du Vercors. Nous y avons découvert une musique, ces Boccas, Hourquettes, Puys, Baisses, ces cols, ces passages qui chantent un pays et qui sont aussi le plus sûr moyen de nous le faire aimer. Nous avons aussi retrouvé la marmotte, le bouquetin, l'isard ou le tétras-lyre et pas une fois nous n'avons été déçus. Malgré le sac qui ballote, le souffle qui faiblit, le soleil qui cogne ou la pluie qui tambourine, nous n'aurions renoncé pour rien à ces beaux circuits. Ce sont les plus beaux de la France ; ils s'en viennent chevaucher nos frontières pour nous montrer que cette définition n'est pas restrictive. Mais ce sont bien ces beautés naturelles qui nous ont attirés. Jacques Lanzmann, grand marcheur devant l'éternel, a écrit quelque part "*Voyager m'a tout appris sauf l'orthographe. Savoir passer de la folie à la sagesse, de l'extrêmement haut à l'extrêmement bas tout en évitant cette horrible chose qu'est un petit bonheur tranquille*". Ce bonheur qui chemine entre corniches et alpages nous a quand même prodigué un immense plaisir. A vous maintenant de prendre la suite.

Les dix circuits qui couvrent ici dix régions de France sont considérés par beaucoup comme parmi les plus beaux ou les plus célèbres. Cette liste n'a rien d'exhaustif et peut s'étendre à d'autres massifs montagneux ou à d'autres régions sauvages où la randonnée est reine.

Chaque circuit comporte un *pratique* généralement fait sur le même modèle :

Généralités : elles permettent de donner une vision globale du circuit, de présenter ses spécificités, ses caractères, son niveau car il y a de notables différences entre la traversée de la Corse et celle du Queyras par exemple. Des indications concises permettent de savoir à quel type de randonneur le circuit est réservé.

Accès : il s'agit d'une manière assez simple de présenter la zone dans laquelle se déroule la randonnée et de donner les grands axes d'accès, soit en voiture, soit par le train.

Saison : selon les secteurs, la randonnée peut y être pratiquée plus ou moins tôt, ou plus ou moins tard. Les facteurs qui peuvent gêner la progression sont surtout la configuration du terrain, l'exposition des pentes et la présence de névés.

Bibliographie : dans cette rubrique vous sont présentés des ouvrages complémentaires de celui-ci qui vous permettent d'avoir une vision plus précise de la randonnée à effectuer.

Cartographie : cartes au 1/25 000e IGN ou au 1/50 000e. Nous vous proposons les deux versions pour visionner d'une manière globale le circuit ou pour trouver les moindres détails de votre future randonnée.

Les cartes shématiques qui figurent dans cet ouvrage ont pour seul but de donner une vision d'ensemble de chaque grande randonnée en permettant de situer le cheminement général et l'enchaînement des étapes. Elles doivent impérativement être complétées par les cartes citées ci-dessus.

Le signe détermine le début ou la fin de chaque étape dont le tracé change alors de couleur.

Matériel : entre la Haute-Route des Pyrénées et la traversée du Vercors, les besoins sont différents. Dans cette rubrique, vous trouverez les accessoires indispensables pour accomplir votre randonnée en toute sécurité.

Numéros utiles : dans cette rubrique, vous retrouverez tous les numéros de téléphone utiles à votre randonnée : secours, renseignements généraux, offices du tourisme, etc.

L'aiguille de Blaitière au couchant.

Hébergements : nous vous proposons, dans l'ordre chronologique qui correspond à votre progression, de réserver ou de contacter vos lieux d'hébergement. En montagne, ce seront des refuges ou des gîtes d'étape. Dans des localités, nous vous renvoyons sur des offices du tourisme. Attention, ces numéros peuvent peut-être nécessiter une remise à jour si vous utilisez ce livre plusieurs années après sa parution.

Itinéraire : l'itinéraire est présenté journellement, par rapport à des étapes moyennes et réalisables par le commun des randonneurs. On y donne le point de départ avec l'altitude, le point le plus haut ainsi que le point d'arrivée.

Dénivelée : la dénivelée présentée ici est une dénivelée positive correspondant aux montées à effectuer. Dans le cas où celle-ci serait négative (descente) elle serait indiquée avec la mention *négative*.

Horaire : les horaires donnés sont en général compris dans une fourchette pour une progression normale. Ils sont prévus pour des marcheurs effectuant 300 m de dénivelée à l'heure et se déplaçant à une vitesse de 5 km/h sur les plats. Ils ne tiennent pas compte des arrêts.

Avec un garde du Parc national des Ecrins.

Remarque : certains itinéraires peuvent présenter des variantes, nécessitent un équipement particulier, réclament une vigilance selon le temps, la fréquentation. Des informations peuvent donc être données en fin d'itinéraire.

LES CINQ TOURS DU MONT-BLANC

C'est l'une des plus belles randonnées des Alpes. Autour du mont Blanc, sites célèbres et recoins oubliés composent cette symphonie dédiée à la haute montagne. Mais à y regarder de plus près, chaque versant est déjà un joyau. Et si finalement on décomposait ce tour en de multiples possibilités.

Découvrir la montagne en mettant simplement un pied devant l'autre, bien sûr, tout le monde peut le faire. Mais si on lève un peu la tête, quittant momentanément la pointe de ses pédules, c'est mieux. Sur le tour du Mont Blanc, il faut même s'arrêter, contempler, discuter, écouter, pratiquer ces quatre verbes d'instinct

La chaîne du Mont-Blanc depuis La Flégère.

pour que cette belle randonnée ne devienne pas simplement une sorte de trophée de marche. Car cette boucle magique qui reprend naturellement les grands passages est belle, merveilleuse et, au passage, elle permet de comprendre les liens affectifs, historiques qui unissent les Valaisans, les Valdôtains et les Savoyards.

Tout débute par le versant nord-ouest du Mont-Blanc, clinquant et somptueux. On en prend tout de suite plein les yeux, comme si ces 4000 avaient encore besoin de prouver quoi que ce soit. Dès les premiers mètres, vous serez ainsi dans l'ambiance des grandes voies, des grands glaciers comme celui de Bionnassay dont vous effleurerez carrément la langue. Et puis, il y a ce train que les concepteurs, avant la guerre de 14, avaient imaginé de prolonger jusqu'à 4 808 m, rien que ça ! Finalement, la montagne se chargea de remettre ces joyeux farfelus à leur place et le train s'arrêta au Nid d'Aigle. Nous l'abandonnons bien vite pour rejoindre le col du Tricot. C'est peut-être sur cette simple échancrure de rocher que l'on bascule réellement dans le val Montjoie. Souvent, on a tendance à croire que jusqu'aux Mottets, le tour du Mont Blanc n'est plus qu'un circuit d'alpagistes. Pourtant, cette partie du circuit est sans doute la plus humaine, celle qui rassure les randonneurs : des beaux vallons, des sentes forestières et, en début d'été une flore incomparable. Pour ceux qui la traverseront fin juin/début juillet, le bleu violet des gentianes, l'œillet des Alpes, le rose éclatant des rhododendrons, le jaune vif des anémones soufrées, la discrète joubarbe, les bouquets de serpolet sauvages, les simples marguerites, les épilobes en grappe, tout ne sera qu'un feu d'artifice visuel et ce Mont-Blanc floral est déjà une invitation à marcher. Les randonneurs auront d'ailleurs le choix entre ubac et adret, car jusqu'au pied du col de la Seigne, c'est ce même territoire, empreint d'harmonie et de courbes chaleureuses.

Vache d'Hérens à La Fouly.

Le lac des Chéserys, un des plus beaux belvédères sur le massif du Mont-Blanc.

A la Fenêtre d'Arpette, vue sur le glacier du Trient.

Les montagnes du mystère

Voilà le col de la Seigne ; d'un coup, on bascule dans les montagnes du mystère. Ce versant italien est le paradis des arêtes dérobées, des combes oubliées, des bivouacs improvisés et il ne concède que quelques arpents de verticale aux hommes. Nous n'y pénétrerons pas. En balcon sur le versant opposé, il faudra remonter cette déclinaison de sommets éthérés : aiguilles Grises, Brouillard, Fréney, pilier d'Angle, Brenva, faces Sud des Jorasses ou du Triolet, une mosaïque de pointes que l'on a peu l'habitude de voir. C'est l'un des grands territoires des aventures alpines, et comment ne pas évoquer Walter Bonatti qui écrivait sur ce versant : *"En paix, complètement détaché des tracas du monde, à l'abri d'un éperon en saillie sur le glacier de la Brenva, je regarde la Terre comme le voit d'En Haut un aigle qui vole".* Un nouveau col, comme une sorte de porte temporaire et nous rebasculerons sur un versant et vers une autre approche.

Le val Ferret suisse, qui fait suite au val Ferret italien, ramène de nouveau à une vision plus humaine de la montagne. Comme si, par harmonie, la montagne avait besoin de basculer d'une rudesse absolue (la haute montagne) à une douceur éphémère (la moyenne montagne). Sur les quatre versants, c'est la deuxième fois qu'elle opte pour cette féminité. Des vaches d'Hérens carillonnant à l'entrée des villages, un style d'habitat ancien, à la fois beau et utile, le val Ferret est un conservatoire de l'architecture et des occupations traditionnelles. Si on en a le temps, il faut passer par la moraine de Saleina, dominant un plateau avec ses raccards, ses mazots et ses structures en mélèzes tordues par la froid, patinées par le vent et qui nous racontent presque l'histoire de ce pays authentique. Il faut aussi

Des conseils

- Albert Meilland (ancien hôtelier, Champex) : *allez faire un tour dans le val d'Arpette, c'est l'un des plus beaux vallons des Alpes !*
- Gilbert Mugnier (accompagnateur, Chamonix) : *prenez les variantes, c'est sur les crêtes, sur les sommets que l'on découvre le tour du Mont-Blanc, pas en fond de vallée et au bord de la route !*
- James Orset (gardien de refuge, Miage) : *partez avant le 10 juillet ou après le 15 août, il y aura moins de monde et vous aurez plus de chances d'apercevoir des animaux !*
- François-Eric Cormier (accompagnateur, Chamonix) : *si vous avez un peu de temps, passez par les lacs Jovet et le col d'Enclave, c'est sauvage et splendide !*
- Jacques Darbellay (écrivain, La Fouly) : *plutôt que de suivre la route pour rejoindre Champex, passez par la moraine de Saleina ; on a l'impression d'être dans une atmosphère de Genèse.*

Sur le mont de la Saxe, vue sur le versant sud des Grandes Jorasses.

Béatrice Minster : la petite fille de Frison

Béatrice encadrée par ses 2 filles.

Du côté du col de la Seigne, ou même à la fenêtre d'Arpette, vous avez des chances de la croiser. A vrai dire un peu partout sur ce circuit, car Béatrice est accompagnatrice. Et si aujourd'hui c'est une professionnelle, elle le doit certainement à une certaine ambiance familiale. Elle est la fille d'un juriste international résidant à la Haye. On ne voit pas trop bien comment le virus de la montagne a pu la gagner, d'autant que le plat pays, ce n'est pas le top. mais son grand-père maternel s'appelle Frison-Roche, Roger pour être plus précis. Autant dire qu'avec ses livres à la maison, lui-même qui vient à l'école raconter l'histoire de *Premier de Cordée*, sa fille, qui au premier jour de vacances, rejoint la vallée, Béatrice était à bonne école. Elle l'avoue elle même : *"j'ai peut-être fait plus de montagne que certains Chamoniards. A huit ans, j'accomplissais déjà un demi-tour du Mont-Blanc. Et quand on me demandait ce que je voulais pour mon anniversaire, une course en montagne bien entendu !"* Quant au grand-père, il se chargera de l'initier à l'escalade, l'encordant toute petite pour grimper les premiers rochers : *"pour mes 11 ans, il m'a ainsi emmenée traverser la Jonction. J'en garde un souvenir incroyable avec ces lames de glaces".* Dès l'enfance, elle sait qu'elle vivra à Chamonix et pas ailleurs. Des études d'infirmière menées en parallèle avec un diplôme de monitrice de ski et les dés sont jetés. Et puis elle veut aller plus loin qu'accompagnatrice ; pourquoi pas guide ? Son mari Christophe, guide lui-même, l'encourage. Elle passe l'accompagnateur et, 60 ans après son illustre grand-père, elle est admise à la compagnie des Guides : *"c'est une grande famille, Christophe venait juste de disparaître, et comme j'étais la petite fille de Frison, en plein désarroi, ils ont estimé normal de me donner du travail en me titularisant".* Aujourd'hui, elle parcourt les montagnes du monde entier et à chaque fois qu'elle le peut, sur le TMB, elle s'appuie sur les livres de son grand-père : *"son livre* Mont Blanc aux sept vallées *est toujours aussi actuel et on s'aperçoit que malgré le percement du tunnel, ces sept vallées ont toutes gardé une identité propre".* Sur ces sentiers en balcon, elle continue à transmettre à sa manière l'amour de la montagne.

s'enfoncer tôt le matin dans le val d'Arpette, juste à l'aplomb du col, où tout un troupeau de bouquetins attend le randonneur. Et puis c'est l'heure idéale pour contempler le lever du soleil, qui, plein est, s'en vient remonter ce vallon suspendu, éclairant étrangement le paysage, résumant et épurant les lignes, et donnant à l'ensemble des sommets une nouvelle poésie. Alors on peut basculer par cette Fenêtre d'Arpette.

Le lac des Chéserys à l'automne.

La haute montagne reprend possession du décor

Bien sûr, on pourrait évoquer le col de Balme, mais dès ce premier passage, les jeux sont fait. La haute montagne, ses sommets en biseau, ses glaciers en cascade reprennent possession du décor. De nouveau un balcon, l'un des plus beaux qui soit. Avec une sorte de feu d'artifice pour compléter ces sept jours de randonnée, une chaîne resplendissante avec des sommets prestigieux (aiguilles de Chamonix, faces Nord du mont Blanc et des Grandes Jorasses), des lacs suspendus (Chéserys, lac Blanc) et de la glace à profusion. Du blanc immaculé vers les sommets au bleu des séracs ou au gris délavé des langues glaciaires, vous aurez largement le temps de vous familiariser. En descendant sur Le Tour, admirez le bassin d'alimentation du glacier du même nom. On a le droit de s'étonner du fait que la glace se regroupe, se

1 - LES CINQ TOURS DU MONT-BLANC

Au col de la Seigne. ►

Renzino Cosson : Un grand monsieur du val d'Aoste

C'est d'abord un grand guide qui en son temps a réalisé la première hivernale de la voie Couzy-Desmaison à la pointe Marguerite des Grandes Jorasses ou la première hivernale du Grand Capucin. C'est aussi un homme fidèle en amitié, et son refuge au pied de la montagne de la Saxe rappelle les liens particuliers qu'il entretenait avec Giorgio Bertone, l'un des plus brillants alpinistes italiens. Lorsque ce dernier se tua en avion sur le mont Blanc du Tacul, son ami décida que son nom devait rester attaché à ce massif qu'ils avaient tant de fois parcouru ensemble. Ce refuge situé sur l'une des variantes du tour est sans doute l'un des plus beaux belvédères qui soit. Pour Renzino, c'est aussi un endroit idéal pour capter la lumière du levant. Lorsque d'un coup la chaîne s'embrase du mont Blanc au Dolent, il y a de fortes chances pour qu'il soit debout avec son appareil à capter cet instant fugitif. Et il l'avoue : "*ici, c'est le paradis pour l'image, l'angle est très ouvert et les couleurs jouent entre les glaciers et les grandes parois*". Eh oui, après guide (et moniteur de ski), responsable de refuge (qui en fait est tenu par sa famille), on peut aussi rajouter photographe. Un photographe de talent qui a réalisé de superbes livres sur le sujet. Enfin cette liste particulièrement conséquente ne pourrait se conclure sans une facette de secouriste ; il est en fait responsable pour toute la région : "*En val d'Aoste, les secours sont assurés par les guides. Cent soixante appartiennent à cette organisation ; mais rassurez-vous, il y a peu d'accidents sur le tour du Mont Blanc. Quand on parle de pluriactivité, dans le val d'Aoste, ils ne sont pas en retard*".

fracture en une chute spectaculaire. Sans parler du chaotique glacier des Bossons qui, sur plus de trois mille mètres, mettra 40 années à franchir toutes les étapes.

Arrivé au terme de votre randonnée, vous vous demanderez si, finalement, il n'y pas quatre tours du Mont-Blanc, quatre pistes possibles en fonction des versants traversés, quatre randonnées différentes à parcourir d'une seule traite ou par morceau. Et pour que le trouble soit encore plus présent, nous vous en indiquons encore une autre, qui demande du temps, peut-être plus de curiosité : celle qui va à la rencontre des gens. Traverser tranquillement un village, le sac sur le dos comme un vagabond ou un philosophe, libéré de la contrainte automobile, c'est aussi agréable. Trois bourgs (Chamonix, Courmayeur et Martigny), quatre villages (Les Houches, Les Contamines, Vallorcine et Trient), et de multiples hameaux (Bionnassay, Les Chapieux, La Ville des Glaciers, Lavachey, Champex), voilà les repères de notre martingale. Vous le remarquerez, sur ce circuit, malgré deux frontières, tout le monde parle français. Valdôtains et Valaisans sont plus des cousins germains des Savoyards. Et si au moins 10 000 randonneurs éprouvent le besoin de s'y rendre chaque année, savent-ils qu'ils perpétuent inconsciemment les migrations effectuées autrefois par les fugitifs, les colporteurs, les bergers ou les militaires, véri-

Olivier Sarrazin : le dernier guide-paysan

Du tour du Mont Blanc, on retient facilement le val Ferret suisse. A La Fouly ou ailleurs, rien n'a tellement changé depuis le début du siècle : les raccards, les champs cultivés en étage et les vaches de la race d'Hérens qui viennent naturellement meubler un décor modelé par une agriculture montagnarde toujours active.

Olivier Sarrazin incarne bien cette vie traditionnelle. Habitant le plateau de Saleina, avec un profil d'aigle, des mains rassurantes, un chapeau de feutre, il revendique haut et fort une dualité qui autrefois était celle de la plupart des guides. Est-il d'ailleurs guide ou paysan ? "*Jusqu'au 20 juillet, je m'occupe essentiellement de mes 100 brebis ; priorité alors aux foins qu'il faut absolument engranger. Après seulement, je pars en course*". Et c'est vrai que si on connaît bien le parcours pédestre du tour du Mont Blanc, ce versant suisse reste en marge : "*Il y a pourtant moyen d'effectuer en altitude des circuits sauvages comme remonter le vallon de Saleina, basculer sur la Grande Lui et revenir par les Darrey. C'est de l'alpinisme facile*". Le coin est si sauvage qu'il a même fini par séduire l'année dernière un loup : "*C'était incroyable, il arrivait à égorger des animaux presque à la barbe des bergers*". A défaut d'enthousiasmer les habitants, cet animal, disparu aussi rapidement qu'il était venu, cataloguera définitivement la région : "*Pour tous les Suisses, le val Ferret, c'est un peu le dernier Far West, non pas au sens péjoratif mais parce que ce bout de vallée a conservé son caractère d'authenticité*". Olivier fait partie de cette centaine d'irréductibles qui, depuis Praz-de-Fort, vivent au contact de la montagne, qu'elle soit pastorale ou sportive, alpine ou à vache. Il s'y sent bien et finalement il ne cherche pas à trancher. Guide et paysan, cela lui correspond bien.

tables créateurs de ces chemins d'altitude. Car en fait ces montagnes n'ont jamais été des barrières et, de tout temps, les gens d'Aoste comme ceux de La Fouly ou de Chamonix se rencontraient par-delà des cols et les saisons. Voici donc un autre thème que vous pouvez reprendre à votre compte. C'est un jeu de hasard dont nous vous donnons quelques pistes. Peut-être qu'en chemin vous tomberez sur James Orset qui, aux chalets de Miage, vous parlera des chamois, sur Hubert Bessat qui, depuis son village des Contamines, étudie les subtilités du patois. Sans doute achèterez-vous un morceau de tomme à Jean-Louis Juglaret lors de votre passage à La Ville des Glaciers, à moins que vous ne croisiez sur Dolonne, juste avant Courmayeur, Edouard Pennard qui vous racontera l'histoire du val d'Aoste. Et les Gay-Grossier qui, au col de la Forclaz, tiennent un hôtel depuis plus d'un siècle, ou Gilbert Mugnier, accompagnateur à la compagnie des guides de Chamonix, qui a repris à Trélechamp, la ferme d'alpage de son illustrissime grand-père, Armand Charlet. Ces gens-là, présents tout au long du chemin, ont sans doute de belles histoires à vous raconter. Pour conclure, voici trois portraits pour cheminer un peu plus dans cette direction ; à vous maintenant de compléter cette liste et finalement de concevoir un tour du Mont-Blanc très personnalisé.

Itinéraire

On peut composer le TMB en fonction de ses envies et de ses capacités. L'itinéraire proposé reprend certaines belles variantes et n'est qu'une proposition parmi de nombreuses autres possibilités.

1er jour : Les Houches (1 003 m) - col du Tricot (2 120 m) - Nant Borrant (1 460 m).

Dénivelée : 900 m

Horaire : 6 à 7 h

Départ par le téléphérique de Bellevue (1 801 m). De là, prendre un sentier en balcon qui passe sous le glacier de Bionnassay en partant à flanc. Passer ainsi au chalet de l'Are (1 794 m) avant de venir longer la langue terminale du glacier de Bionnassay. On remonte alors le long d'une petite paroi rocheuse en direction des ruines du chalet du Tricot, puis au centre d'une belle combe qui conduit au col du Tricot (2 120 m - très belle vue sur la face Nord des dômes de Miage). De là, redescendre versant sud par une sente un peu raide sur les chalets de Miage (1 559 m). Traverser le hameau et la rivière avant de retrouver un sentier raide qui remonte sur les chalets du Truc (1 720 m) . De là, descendre par une piste forestière sur Les Contamines (1 164 m). Rejoindre le centre du village et par un sentier relativement plat situé le long du torrent du Bon Nant, rejoindre Notre-Dame-de-la-Gorge (1 210 m). De là, s'engager dans la forêt sur un chemin dallé datant des Romains. Après avoir traversé les gorges par un vieux pont, on atteint sans difficultés le châlet-hôtel du Nant Borrant à 1 460 m. Pour les plus courageux, on peut encore marcher 45 minutes pour s'arrêter au chalet-gîte de la Balme (1 760 m).

2e jour : Nant Borrant (1 460 m) - col de la Croix du Bonhomme (2 483 m) - Les Mottets (1 870 m)

Dénivelée : 1 100 m

Horaire : 6 à 7 h

Du chalet de Nant-Borrant, traverser un bois ; laisser à gauche un bel alpage et, par un chemin plus raide, rejoindre La Balme (1 760 m). Passer un ressaut et venir traverser le plan Jovet ; le sentier se raidit de nouveau et conduit au plan des Dames. Une dernière pente constituée d'éboulis (ou de névés) mène au col du Bonhomme à 2 329 m. Prendre à gauche un chemin qui monte légèrement en oblique. Traverser le Nant des Lhotarets et sans trop monter, atteindre le col de la Croix du Bonhomme à 2 483 m. En restant plein sud, on aperçoit rapidement le refuge juste en contrebas (10 mn). Passer devant puis continuer à descendre par des alpages et, à 2 322 m, obliquer à gauche. Traverser alors une combe, franchir facilement une barre rocheuse et rejoindre une zone humide. De là, repartir sur la gauche par un sentier peu raide qui conduit à un petit col. On redescend alors sur le lac de Mya (2 393 m). Passer une série de petits blocs, puis retrouver une sente vers l'est qui se dirige vers la Petite Tour. Rester à gauche de celle-ci et descendre un pierrier. On rejoint un sentier en lacets qui mène à une combe encaissée. Rejoindre Séloge (1 809 m) et, en suivant la route, Les Mottets (1 870 m) pour les différents hébergements.

3e jour : Les Mottets (1 870 m) - col de la Seigne (2 516 m) - col de Chécroui (1 956 m)

Dénivelée : 1 200 m

Horaire : 7 à 8 h

Du chalets des Mottets, par un crochet, accéder à une série de lacets qui rejoignent un éperon. Passer devant une ruine, laisser à droite le sentier menant au chalet de la Seigne et, par des pentes douces, rejoindre le col de la Seigne à 2 516 m. De là, descendre par la combe de gauche (présence de nombreux névés), passer une série de petits ressauts et venir rejoindre un sentier en balcon sur le flanc gauche du vallon de la Lée Blanche. On rejoint ainsi les chalets de l'Alpe inférieure de la Lée Blanche à 2 035 m. De là, prendre la piste qui descend vers le lac Combal à 1 975 m. Ne pas suivre le fond de vallée goudronné et fréquenté. Partir à droite et remonter en direction des chalets inférieurs de l'Arp Vieille. A travers un pâturage, on accède au chalet de l'Alpe supérieure de l'Arp Vieille à 2 303 m. Continuer de monter et franchir l'arête du mont Favre à 2 430 m. Aller en direction du nord-est et, sans prendre trop de dénivelée, accéder au lac Chécroui à 2 165 m. De là, en perdant doucement de l'altitude, rejoindre le col Chécroui à 1 956 m où se situe le refuge de Maison-Vieille. Tout au long de cette étape, le panorama sur le versant sud du massif du Mont-Blanc est extraordinaire.

4e jour : col Chécroui (1 956 m) - Courmayeur (1 126 m) - refuge Bertone (1 970 m)

Dénivelée : 850 m

Horaire : 4 à 5 h

Etape de transition qui permet de se reposer une demi-journée ou de faire des achats sur Courmayeur. Descendre successivement par Plan Chécroui et Dolonne, venir ainsi rejoindre Courmayeur à 1 226 m. On peut monter au mont Chétif pour bénéficier d'une vue époustouflante sur le versant italien du Mont-Blanc (compter 1 h 30 en plus jusqu'au sommet, sentier très aérien). De là, rejoindre le hameau de Villair à 1 327 m . Traverser le vieux village et suivre la piste forestière jusqu'à une intersection à 1 460 m. Là, un mur de soutènement avec panneau indicateur marque la bifurcation à prendre. Monter dans une forêt de mélèzes et déboucher au lieu-dit Le Pré où se situe le refuge Giorgio Bertone à 1 970 m.

5e jour : refuge Bertone (1 970 m) - col Sapin (2 436 m)- Grand col Ferret (2 537 m) - Champex (1 466 m)

Dénivelée : 1 600 m

Horaire : 9 à 10 h

Etape longue qui nécessite l'utilisation de bus locaux, d'abord pour raccourcir la randonnée et aussi pour résoudre les déplacements le long de la route.

Du refuge, passer à une table d'orientation (1 991 m) et, par une pente raide, atteindre l'épaule de la montagne de la Saxe, sublime belvédère sur tout l'Envers du Mont-Blanc. Toujours à flanc, continuer vers la Testa Bernada à 2 534 m. Le sentier continue, longe la tête de Tronche et passe à proximité du col Sapin (2 436 m). Descendre alors dans les pâturages de la combe de l'Armina, passer le torrent du même nom,

Martigny
col de
la Forclaz
Martigny
Le Peuty (gîte)
col de Balme
7
6
Champex
MASSIF DES
AIGUILLES
ROUGES
col
des
Montets
mont Buet
fenêtre
d'Arpette
Le Tour
plateau du
Trient
SUISSE
refuge du
Lac Blanc
Argentière
La
Flégère
trajet en voiture
aiguille
Verte
ARRIVÉE
Les Praz
La Fouly
Genève
Annecy
Chamonix
Mer de Glace
bassin
de Talèfre
mont
Dolent
Grand col Ferret
St-Gervais
Les Houches
tramway du MtBlanc
téléphérique
aiguille
du Midi
Megève
Albertville
Bellevue
DÉPART
glacier des
Bossons
glacier
du Géant
Grandes Jorasses
5
téléphérique
tunnel du
Mont-Blanc
pointe
Helbronner
Arnuva
val Ferret
1
mont
Blanc
glacier
de la Brenva
Entrèves
Les
Contamines
Montjoie
refuge
Bertone
Dômes
de Miage
mont
Chétif
4
col
Chécroui
val Veni
Courmayeur
ITALIE
chalet-hôtel
de La Balme
glacier de Tré-la-Tête
aiguille
des Glaciers
3
refuge
Elizabetta
Pré
Saint-Didier
Morgex
2
col de
la Seigne
chalet-refuge
des Mottets
col de la
Croix du
Bonhomme
Aoste
Turin
refuge
de Séloge
col du Petit-Saint-Bernard
Bourg-Saint-Maurice
La Thuile
Les Chapieux
Bourg-Saint-Maurice

traverser au niveau de l'Alpe de Suchéron à 2 260 m, puis gravir vers le nord un sentier qui remonte vers le pas d'Entre-Deux-Sauts à 2 524 m. On descend dans le vallon de Malatra pour rejoindre sans difficulté Lavachey à 1 642 m. Là, il est recommandé d'écourter d'une heure la montée à Arnuva en prenant un bus. Puis monter en direction des ruines de Sagioan (1 933 m) d'où l'on a une vue superbe sur le glacier et l'aiguille du Triolet ; monter au refuge Eléna à 2 062 m (Si on a une journée de plus, on peut faire étape à cet endroit). Passer vers l'est dans des pâturages et des ruines et, sans difficulté, rejoindre le Grand col Ferret à 2 537 m. Ensuite, on descend généralement sur la gauche par un sentier qui mène à l'alpage de Chaudière, passe quelques couloirs raides, traverse la Peula, les Ars-Dessous et, par une courte montée, permet de rejoindre Ferret à 1 705 m. Puis, tranquillement, on se dirige vers La Fouly à 1 610 m. Il est alors conseillé de prendre le bus des Postes Helvétiques qui vous conduira sans peine à Champex à 1 466 m (sinon, il faut compter une étape supplémentaire pas très intéressante).

6e jour : Champex (1 466 m) - Fenêtre d'Arpette (2 671 m) - Trient (1 319 m)

Dénivelée : 1 200 m

Horaire : 6 à 7 h

De Champex, suivre le torrent d'Arpette, traverser des sous-bois et atteindre le chalet d'Arpette. Toujours en longeant le torrent, se diriger vers La Barme à 2 140 m et prendre à droite le sentier balisé blanc-rouge-blanc qui va droit vers la Fenêtre. Par un sentier raide dans de la rocaille, on atteint le col situé à 2 671 m. Magnifique vue sur le glacier de Trient et l'aiguille du Tour. Par un sentier raide et qui longe le glacier, on traverse une forêt de pins cembro, puis on rejoint la prise du Bisse à 1 583 m. De là, suivre le chemin horizontal des Bisses très agréable et obliquer à gauche en coupant les lacets de la route de La Forclaz pour arriver au hameau de Peuty (commune de Trient) à 1 319 m.

A noter qu'en début de saison, cette Fenêtre peut être délicate à franchir à cause de névés persistants. Dans ces cas-là, il est recommandé de passer par Bovine pour rejoindre le col de La Forclaz et Trient (magnifique vue sur la plaine du Rhône).

7e jour : Trient (1 319 m) - col de Balme (2 191 m) - Chamonix (1 030 m)

Dénivelée : 1 550 m

Horaire : 7 à 8 h

Traverser des prairies pour venir couper le Nant Noir puis bifurquer sur environ 100 m à droite pour longer ce torrent. Remonter ensuite à travers la forêt sur un sentier en lacets assez raides. Passer au Tsanton des Arolles et

En descendant sur Bellachat depuis le balcon Sud.

atteindre les bergeries des Herbagères à 2 033 m. Quelques lacets raides conduisent au col de Balme à 2 191 m. De là, gagner le col des Posettes (1 997 m) et, par un système de crêtes, rejoindre le hameau de Tré-le-Champ à 1 417 m d'où l'on pourra terminer la randonnée.

Pour les plus courageux qui veulent finir en beauté, franchir la route et venir au niveau du parking, retrouver un sentier en balcon qui monte dans un bois et s'en

Coucher de soleil sur les Drus (il s'agit d'un reflet dans le lac Blanc ; l'image apparaît donc à l'envers).

vient buter contre une paroi. Passer ainsi au pied de l'aiguillette d'Argentière. Par un système de vires et d'échelles, atteindre le TMB au carrefour de plusieurs sentiers à 2 132 m. Vue extraordinaire sur tout le versant nord du Mont-Blanc. Prendre à gauche le sentier qui descend sur le chalet des Chéserys à 2 005 m. De là, continuer à droite de la cabane et traverser de nombreux petits torrents ; venir ainsi rejoindre le téléphérique de La Flégère à 1 875 m que l'on empruntera pour descendre. On arrive ainsi aux Praz, l'un des hameaux de Chamonix. De là, bus ou train pour rejoindre la gare des Houches.

PRATIQUE

Généralités
Le tour du Mont-Blanc est sans doute l'un des circuits les plus abordables, bien que se déroulant au pied des 4000 les plus hauts d'Europe. Il serpente à travers des cols relativement ouverts, par des alpages occupés, sur des sentiers très bien tracés et les refuges, gîtes d'étape permettent de partir relativement léger. D'autre part, les points les plus hauts du circuit sont des cols fréquentés depuis des millénaires et généralement faciles à traverser. En conséquence, il est très facile de composer des tours du Mont-Blanc personnalisés en fonction de ses envies, de son temps, de son niveau physique. C'est sans doute un circuit qui convient bien aux enfants car il est très facile, en cas de problème, de leur faire sauter une étape, par exemple.
Seul inconvénient : en début de saison, se méfier des névés persistants qui peuvent être dangereux, en particulier si on doit traverser un torrent, ou si l'on opte pour une variante un peu raide et où subsistent des neiges un peu dures.

Accès
Accès facilité par la présence d'une autoroute (autoroute Blanche) et le tunnel du Mont-Blanc qui relie Lyon à Turin en passant soit par Chambéry et Annecy soit par Genève. A l'entrée de la vallée, prendre direction Les Houches et le centre du village. On laissera son véhicule au départ du téléphérique de Bellevue.
Ligne SNCF Paris - Saint-Gervais puis Saint-Gervais - Chamonix. Arrêt à la gare des Houches.

Equipement
Chaussures de randonnée, un bon sac à dos. Des vêtements chauds et imperméables en cas d'intempéries. Eventuellement un piolet en début de saison.

Cartographie
Pour une vue générale du circuit, on peut consulter la 1/50 000e n° 8 de chez Didier Richard : Massifs du Mont-Blanc, Beaufortain.
Pour des renseignements plus précis, se reporter aux cartes au 1/25 000e :
n° 3630 OT Chamonix
n° 3531 ET Saint-Gervais
n° 3530 ET Samoëns

Bibliographie
L'incontournable topo de la FFRP : *Tour du Mont-Blanc, GR TMB*, essentiel surtout pour ses nombreuses variantes.
Randonnées autour du Mont-Blanc, David Belden, éditions Glénat
La grande ronde autour du Mont-Blanc, Samivel, S. Norande, éditions Glénat
Mont-Blanc aux Sept Vallées, Roger Frison Roche, Pierre Tairraz, éditions Arthaud.
Compagnie des Guides de Chamonix : Une belle histoire, Mario Colonel, éditions du Grépon
Voyage au cœur du Mont-Blanc, Pierre Tairraz et Mario Colonel, éditions Franck Mercier.
Sommets du Mont-Blanc, les plus belles courses faciles, Florence Lelong, Jean-Louis Laroche, éditions Glénat.
Hautes cimes du Mont-Blanc, Florence Lelong, Jean-Louis Laroche, éditions Glénat.
Circuits pédestres, Chamonix Mont-Blanc n° 45, Pierre Chaix, Guide Franck.

Olivier Sarrazin, le dernier guide-paysan.

Saison
En général, on peut effectuer ce circuit de la mi-juin à la mi-octobre. Se méfier tout de même en début de saison de névés persistants qui peuvent être délicats à franchir.

Secours
Versant français :
PGHM de Chamonix, tél : 04.50.53.16.89
PGHM de Saint-Gervais, tél : 04.50.78.10.81
PGHM de Bourg-Saint-Maurice, tél : 04.79.07.01.10
Versant italien, tél : 00.39.165.238.222
Versant suisse, Rega (Sion), tél : 00.41.27.144

Informations
Office de Haute Montagne, Maison de la montagne, 74400 Chamonix, tél : 04.50.53.22.08
ATD Haute-Savoie, Annecy, tél : 04.50.51.32.31
Office du tourisme Martigny, tél : 00.41.721.22.20
Bureau régional du Tourisme en vallée d'Aoste, Aoste, tél : 00.39.165.405.26

Hébergements
Selon les endroits, nous vous renvoyons sur les offices du tourisme qui vous donneront les renseignements correspondant aux types d'hébergements que vous recherchez :
Chamonix, office du tourisme, tél : 04.50.53.00.24
Les Houches, office du tourisme, tél : 04.50.55.50.62
Office du tourisme des Contamines-Montjoie, tél : 04.50.47.01.58
OT de Courmayeur, tél : 00.39.165.84.20.60
OT de Champex, tél : 00.41.27.783.12.27
Si vous suivez le circuit qui vous est proposé :
Chalet-hôtel de Nant-Borrant, 30 places, tél : 04.50.47.03.57
La Balme, 70 places, tél : 04.50.47.03.54
Gîte d'étape de Séloge, 33 places, tél : 04.79.07.10.56
Les Chalets des Mottets, 50 places, tél : 04.79.07.01.70
Refuge Maison-Vieille, 30 places, tél : 00.39.165.337.23.09.79
Refuge Bertone, 54 places, tél : 00.39.165.84.46.12
Trient, gîte d'étape le Peuty, 40 places, tél : 00.41.27.722.41.02
Trient, Relais du Mont-Blanc, 73 places, tél : 00.41.27.722.46.23
Trélechamp, gîte de la Boerne pour éventuellement passer une nuit ou pour fêter la fin du raid, tél : 04.50.54.05.14
Les hébergements situés sur le tour du Mont-Blanc sont généralement saturés du 15 juillet au 15 août ; Il est donc nécessaire d'effectuer ces réservations avant votre départ au risque de devoir bivouaquer.

QUEYRAS
LES CHEMINS DE LUMIÈRE

Déjà méridional, enclavé au pied du Viso, le Queyras est un massif à part. Lumineux, chaleureux, authentique, il est tout à la fois. Le GR 58 qui en fait le tour est sans doute la plus belle approche pour parcourir ce pays, surtout quand l'automne s'installe et que le mélèze devient roi.

La montagne à rebrousse-poil, quand elle n'est plus que lumière et silence. C'est sans doute la plus belle saison dans le Queyras. Juste au basculement, quand les mélèzes décident de fronder, abandonnant les sapins et consorts à leur triste habitude. D'un coup, ces arbres deviennent dorés, les aiguilles mémorisent la courbe du soleil, la terre exhale ses dernières odeurs, les brumes bleuissent. Instinctivement, on sait que le bel automne est pour bientôt. Il faut alors marcher, découvrir ce pays qui, comme les meubles magnifiques qu'il fabrique, sent le bois vieilli, mûr, imprégné d'une sagesse presque séculaire. A le parcourir, à le caresser du bout de nos chaussures, il nous donne l'effet d'une armoire en bois ciré que l'on ouvre en cachette. Alors, dans les grincements de serrure, on redécouvre les trésors cachés, les crêtes qui flirtent avec le soleil, les lacs qui pétillent dans les alpages, les forêts qui resplendissent comme autant d'écrins, les animaux qui s'en viennent couper notre rythme de marche, les villages accrochés à leur éternité, et les gens, ces montagnards qui, de Saint-Véran à Ceillac, sont enracinés à ce pays, parce qu'il est beau, parce qu'il est leur.

Au lac de Souliers.

Philippe Lamour, l'ambassadeur du Queyras

Un creux de vallée, une pierre fixée à sa place, un chalet rivé à un versant, il n'en faut pas beaucoup pour être heureux. Philippe Lamour l'avait bien compris. Lui, le Languedocien, était devenu un véritable Queyrassin. Cet homme courtisé par tout ce que la République comptait d'important avait senti que ce mélange d'humanité et d'humus était unique, puissant. Il avait alors intensément aimé ce pays, au point de devenir maire de Ceillac pendant plus de vingt ans, au point aussi d'être l'un des instigateurs du Parc régional. Car dans le Queyras, on ne fait pas comme ailleurs. Au détriment des études de marché et des lois économiques, du boom du ski, on préfère la vérité des

Le mélèze sera notre leçon de choses, car il nous accompagnera tout au long de notre circuit, comme un compagnon idéal qui donne à la montagne une nouvelle physionomie. Et, faut-il l'avouer, c'est l'association de l'automne, du Queyras et de cet arbre qui nous a paru intéressante. De 1 200 à 2 400 m, vous le rencontrerez. Hardi pionnier colonisant les espaces libres, résistant au froid et dont on dit que le bois imputrescible vaut bien celui du chêne, il aime la lumière vive. Les bergers ne s'y sont jamais trompés, eux qui ont favorisé son expansion. Car avec son feuillage clair, léger, transparent, il laisse l'herbe pousser à son pied. C'est le seul conifère a perdre ses aiguilles en hiver. D'une longévité incroyable, il va mettre près de 200 ans à atteindre sa taille adulte à 1800 mètres d'altitude et peut-être aurez-vous la chance de croiser un patriarche qui avoisine les 500 ans. Vous n'aurez pas de mal à le reconnaître, même en été, grâce à ses branches grêles aux rameaux vert clair souples, aux aiguilles minces et isolées, au tronc élancé qui peut approcher les 30 à 40 mètres de haut et qui porte une écorce épaisse, grisâtre et fissurée. Le Queyras lui convient bien avec ses 300 jours de beau temps.

cimes. Philippe Lamour en était si convaincu qu'il fut l'un des premiers à prendre le pinceau et le pot de peinture pour aller baliser avec sa femme une ronde autour de ces vallées. Ce GR 58 sur lequel nous allons vous entraîner lui fut tout naturellement dédié, il y a maintenant vingt ans. Une boucle qu'il résumait ainsi : *"Si le tour du Queyras est un des itinéraires de randonnée parmi les plus fréquentés, c'est que précisément il dessert cette région du Queyras qui est une des plus belles des Alpes françaises. En dépit de son altitude élevée, elle a le charme aimable de la montagne pastorale, avec ses forêts de mélèzes, ses eaux abondantes, ses alpages au pied des barres rocheuses, sans l'intermédiaire des pentes de caillasses hostiles au pied du randonneur. C'est l'Engadine de la France".*

Une belle singularité que cette forteresse minérale, enclavée par des crêtes hautes de 2 500 à 3 000 mètres, et dont on ne peut s'échapper que par l'un des 20 cols d'altitude ou par les gorges du Guil. C'est vers ce torrent tumultueux que convergent le Cristillan, la Rivière, l'Aigue, le Rif Bel, le Lombard, le Bouchet, la Vallette, le Ségure. Les Queyrassins ont coutume de dire que *"le Guil, c'est, avec le ciel, ce qu'ont en commun les vallées adjacentes"*. Ces vallées qu'il faudra traverser, ces onze communes où des maisons en fustes, en troncs de mélèzes comme tous ces cadrans solaires résistent à l'usure du temps.

Le lac Foréant.

La couleur des jours heureux

C'est de Brunissard, en venant par le col de l'Izoard, que nous avons entamé notre périple. Le ciel éclatant avait la couleur des jours heureux. La nature dans ses flamboiements aurait inspiré n'importe quel artiste. Les mélèzes et leurs frères de lumières, les pins cembro, donnaient le ton. La montagne n'était plus verte, éclatante de couleurs disparates comme au printemps mais monocorde, d'un jaune orangé tombé du ciel et qui des branches au sol, des aiguilles à la poussière, avait envahi ce bel espace. Le mélèze régnait en maître. Ni le pic de Béal Traversier, ni le pic de Rochebrune ne pouvaient soutenir la comparaison. Depuis toujours, il est l'ami des hommes d'ici. Et ces arbres qui poussent dans ces clairières lumineuses donnent plus bas de magnifiques objets. A partir du XVIIe siècle, les Queyrassins ont su développer un artisanat remarquable, une complicité évidente avec cette matière végétale. Coinces dans leur hiver long et rigoureux, ils occupaient les *"cinq mois d'enfer"* à fabriquer des meubles, à sculpter des objets religieux ou de la vie courante, à embellir la vie quotidienne tout simplement. Cet artisanat a perduré et, aux quatre coins du Queyras, ces artisans entretiennent ces traditions, à Arvieux par exemple, où une fabrique de jouets en bois exporte ses modèles aux quatre coins de l'Europe, comme cette rosace qui est un peu l'emblème de la région.

Pour l'instant nous montons pour Furfande. Face au drap de la nuit, face aux étoiles qui scintillent cet alpage

Saint-Véran, plus haut village d'Europe.

n'en sera que plus extraordinaire. Au matin, alors que le givre commence à se glisser dans le lit de la montagne, nous repartons comme des errants sur ces chemins qui ne bruissent plus. Ici et là, des pierres posées comme des monolithes sont nos seuls compagnons. Le *Queyra*, comme on dit par ici, se révèle être une terre où l'infini tente de grappiller quelques jours à l'hiver ; nous essayons d'être les témoins de cette lutte indicible. Voilà Ceillac, la vallée du Cristillan, et les cloches de la chapelle des Pénitents ; voici Saint-Véran, le village emblématique avec ses maisons en étage, l'habitat permanent le plus haut d'Europe avec ses 2 050 m, Jean- Pierre Copin écrit : "*...Il arbore son titre avec une candeur hors norme. L'altitude sans effroi, ni fierté rébarbative. L'altitude dans sa fonction céleste. Ses coqs picorent les étoiles. Les pierres disent cela aussi. Et les fustes, ces amples balcons de bois pour le séchage des foins n'y sont pas des installations défensives mais des capteurs solaires, des symboles de confiance dans l'univers, d'ouverture sur la vie.*"

Par hasard, en rencontrant Gabriel Berge, nous sommes allés plus loin, dépassant la simple façade pour poursuivre au cœur de ces maisons, retrouver l'âme et l'histoire des gens qui ont vécu ici. Gabriel Berge sait de quoi il parle lorsqu'il nous fait pénétrer à l'intérieur de la maison de ses oncles, les Marrou, aujourd'hui transformée en un petit musée. La bâtisse n'a pas bougé depuis presque un siècle et il se souvient encore des veillées et de ces hivers qui n'en finissaient pas. Au rez-de-chaussée, une grande pièce avec un vieux poêle à bois. Derrière les murs épais encore recouverts de chaux, bêtes et hommes partageaient le même sort, les mêmes attentes, les mêmes bruits, la même intimité. Stupéfiant de penser qu'il y a à peine trente ans, le mulet était attaché sur la gauche, le cochon dans son enclos à droite, les 5 vaches au fond, avec les poules au-dessus. Toute cette chaleur animale venait réchauffer les lits de la famille où parfois on se pelotonnait à 3 ou 4 pour résister à la morsure du froid. Seuls les moutons étaient cantonnés à part. Ce n'est pas la poussière qu'on redoutait mais plutôt l'humidité qu'ils véhiculaient avec leur épaisse fourrure. Etable et habitation mélangées, le reste des étages servait à entreposer les outils, les patates et surtout le foin. Alors, calfeutrés dans ces châteaux-forts de l'hiver, se déplaçant par des coursières qui relient l'habitation et la fuste, on se hasardait parfois sur le *lobbio,* ce balcon exposé plein sud où l'automne justement, on venait faire mûrir ou sécher les dernières récoltes. Et puis, dès que le soleil basculait derrière la pointe de Rasis, on se calfeutrait de nouveau pour la veillée, et on cassait le pain dur qu'on faisait tremper dans la soupe au lait, un pain résistant comme une brique et qu'on faisait cuire une fois pour tout l'hiver. La mère avait l'habitude de dire : "*Lou melhour medecin es lou toupin !*" (la meilleure médecine, c'est la soupe !). Et quand enfin, le soleil voulait bien se montrer généreux, alors on ressortait pour s'asseoir sur cette banquette de granit offerte généralement aux jeunes mariés. Gabriel Berge n'hésite pas à le dire : "*On ne possédait rien, mais on était plus heureux*".

Nous avons repris le chemin en direction du col de Chamousière. Le corps chaloupé, m'évadant d'une musique que je connais bien, je me demande si ce n'est pas cette simplicité un peu frustre, originelle que nous recherchons à travers la montagne. Lorsqu'il faut courber la tête, suer, souffler contre la côte, contre le sac, ne cherchons-nous pas à revivre cette fatigue saine, ce rapport direct avec une nature qui autrefois était notre champ d'effort et d'espoir ? Ce Saint-Véran là a disparu définitivement, on ne sait pas s'il était mieux que celui d'aujourd'hui, mais il semblait en tout cas plus humain.

Le tunnel le plus haut d'Europe

Humain, le Queyras l'est et, à chaque étape, nous le découvrirons. Pas encore méridionaux, mais plus tout-à-fait hauts-alpins, les gens d'ici sont des montagnards à part. Malgré l'enclavement, malgré la rudesse du pays, ils sont ouverts, instruits, cela depuis toujours. Victor Hugo en avait été estomaqué : "*Comme un pays de douze ou quinze feux ne peut pas nourrir un magister, ils ont des maîtres d'école payés par la vallée qui parcourent les villages, passant huit jours dans celui-ci, dix dans celui-là, et enseignent. Ces magisters vont à la foire où je les ai vus. On les reconnaît à des plumes à écrire qu'ils portent dans la ganse de leur chapeau. Ceux qui n'enseignent qu'à lire ont une plume, ceux qui enseignent la lecture et le calcul ont deux plumes ; ceux qui enseignent la lecture, le calcul et le latin ont trois plumes*". Très vite refuge pour les Vaudois et les protestants, ce haut pays à la sortie des gorges du Guil avait pris sa destinée culturelle bien en main. Et puisque nous approchons de Ristolas et de la frontière italienne, c'est l'occasion de raconter les liens profonds qui ont toujours uni les Queyrassins aux vallées piémontaises. Même si le Viso est situé entièrement en Italie, cette grande montagne qui donne naissance au Pô est de la famille. Une familiarité si forte qu'en 1480, le marquis de Saluce fit percer à 2 700 m,

Au-dessus du refuge Agnel, la crête de la Taillante.

juste sous le col de la Traversette, un tunnel de 74 mètres de long et de 2 mètres de hauteur. Ce passage resta en état pratiquement jusqu'au début du vingtième siècle ! Le pouls de toutes les vallées battait du côté Piémont. Il battait même si fort que, dès le quatorzième siècle, les grands féodaux accordèrent à des communautés une autonomie, spécialement dans le Briançonnais où l'on donna à ces "Escartons", véritables républiques au nombre de 5, une liberté qui ne s'éteignit qu'avec la Révolution. Ces Escartons ne tenaient pas compte de l'ubac ou de l'adret et, bien évidemment, le Queyras comme le val Maira qui domine Turin avaient l'impression d'appartenir au même pays. Aujourd'hui encore, ce sentiment n'a pas disparu et les cols n'ont jamais été des barrières.

Il nous a fallu plusieurs jours pour le comprendre. Alors que l'hiver donnait quelques coups de griffes sur la Font Sancte, nous avons retrouvé le chemin buissonnier qui de temps à autre suivait le cours du Guil. Et puis il a fallu abandonner l'espace et les histoires, l'automne commençait réellement à vaciller. Une autre saison pouvait la suppléer, mais désormais, nous en étions persuadés, le Queyras réclamait du sur-mesure et chaque saison lui convenait comme un gant. Il faudrait revenir arpenter les sentiers, une autre fois encore.

Itinéraire

1ère journée : Brunissard (1 746 m) - col de Furfande (2 500 m) - refuge de Furfande (2 300 m)

Dénivelée : environ 900 m

Horaire : 4 à 5 h

De Brunissard, franchir le torrent de la Rivière pour prendre un chemin en balcon sous la Pinatelle. Traverser une belle forêt de mélèzes pour venir descendre sur le hameau du Coin (1 610 m). Contourner la crête de l'Echelle pour récupérer la route pastorale de Furfande. Par une série de lacets à travers le bois du Devez, passer à côté de la cabane de Plan Vallon (2 018 m). On rejoint alors le fond de vallon entre le pic du Gazon et la dent de Ratier que l'on suit jusqu'au col de Furfande. Descendre sans difficulté plein sud sur 200 m pour rejoindre l'alpage de Furfande (2 300 m)

2e journée : refuge de Furfande (2 300 m) - Les Escoyères (1 532 m) - col Fromage (2 301 m) - Ceillac (1 639 m)

Dénivelée : 1100 m environ

Horaire : 8 à 9 h

Descendre sous la crête de Croseras, prendre une série de lacets, laisser sur la droite le hameau du Châtelard, puis franchir le torrent des Choulières avant de rejoindre Les Escoyères. A la sortie du hameau, opter pour l'ancienne voie romaine qui part en balcon au-dessus de la vallée du Guil. Commencer pour cela par descendre sur quelques virages pour accéder à un ravin avant de remonter de nouveau pour rejoindre une forêt. Traverser un éboulis pour retrouver une clairière. Par une série de lacets et de changements de direction (suivre toujours le balisage), on retrouve la route Nationale (1 255 m) qui vient de Château-Queyras. Descendre celle-ci sur environ 200 m avant de retrouver un nouveau sentier qui monte à travers les bois vers Montbardon (1 504 m). De là, partir vers le bois de Chalouche ; plus haut, celui-ci s'enfonce dans le vallon de Riou Vert que l'on remonte. Passer ensuite dans le "Pra Patris" (2 162 m) avant de monter vers le col Fromage. Descendre rive droite du ravin de Rasis, passer au hameau du Villard et, sans difficulté, atteindre Ceillac.

3e journée : Ceillac (1 639 m) - col des Estronques (2 650 m) - pont du Moulin (1 849 m) - Saint-Véran (2 020 m)

Dénivelée : 1 000 m

Horaire : 5 à 6 h

Remonter en direction du Villard, puis abandonner à main gauche le sentier montant vers le col Fromage pour continuer sur une route de terre qui mène au hameau du Tioure. On traverse alors un autre hameau (Rabinous) avant de commencer à s'élever directement par un sentier sur la gauche. On rejoint ainsi une épaule herbeuse. Passer à Font Garnier (2 383 m). Juste au-dessus, laisser sur la gauche le sentier qui part sur le col Fromage pour monter vers un vallon d'où, par un dernier lacet, on rejoint le col des Estronques. Descendre dans un éboulis puis dans des alpages (nombreuses marmottes), passer dans un sous-bois, franchir le rif de Lamaron avant de rejoindre les cabanes du Puy (2 208 m). Continuer à descendre par de nombreux lacets rive gauche du rif (terrain schisteux). On rejoint une belle prairie vers 1 946 m, descendre alors plein est vers le pont du Moulin (1 849 m). Suivre alors le balisage qui, en coupant les virages de la route Départementale, mène à Saint-Véran.

4e journée : Saint-Véran (2 020 m) - col de Chamoussière (2 884 m) - refuge Agnel (2 580 m)

Dénivelée : 920 m

Horaire : 5 à 6 h

Du village, suivre la route en terre qui monte vers Clausis. La quitter juste un peu avant un oratoire pour descendre en direction du torrent de l'Aigue-Blanche

En montant au col de Furfande.

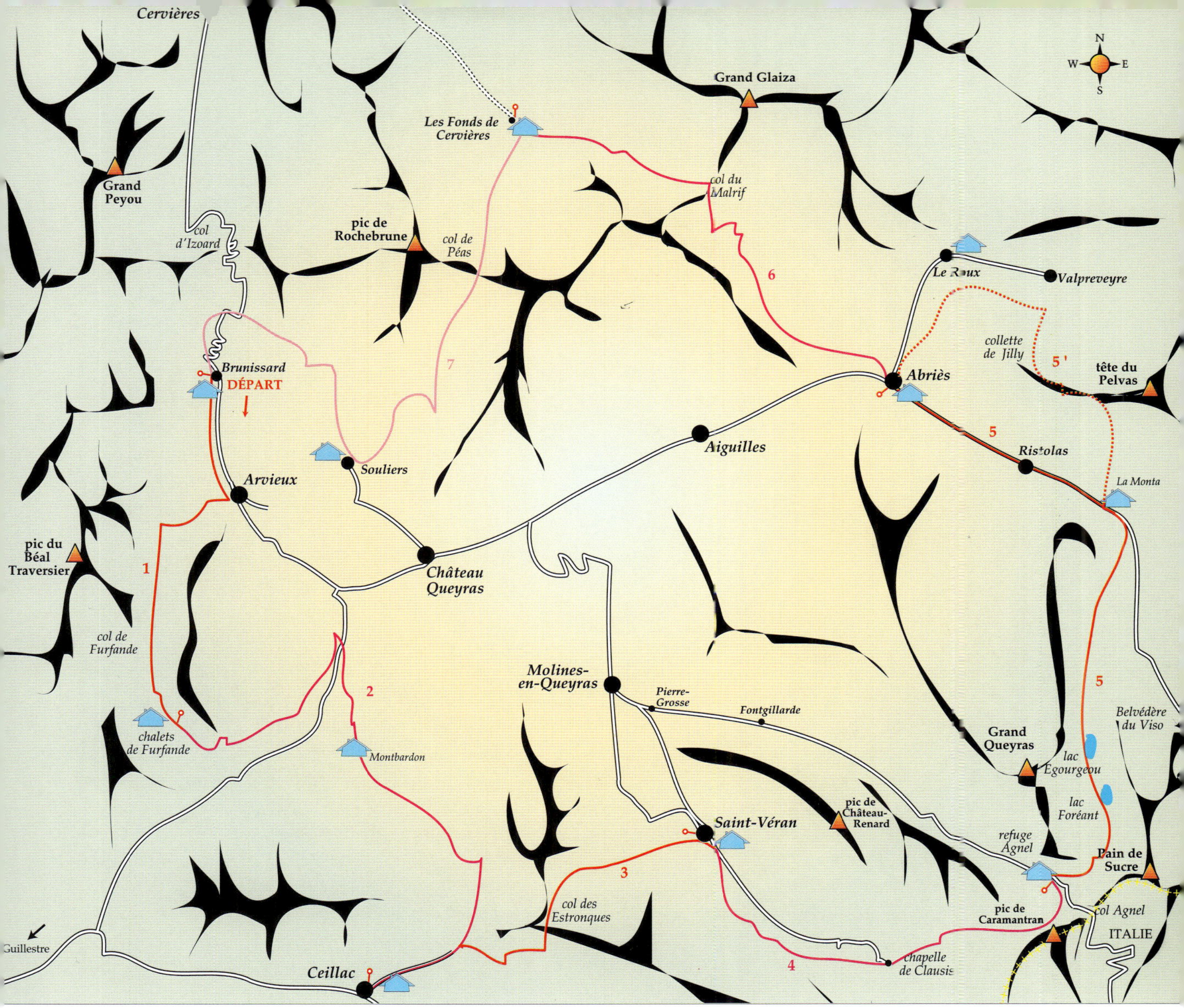

(1 953 m). Le traverser pour cheminer sur un sentier. On arrive à la chapelle de Clausis (2 340 m). Un peu plus haut, le sentier se divise en deux pour monter soit le col de la Cavale (2 844 m) ou le col de Chamousière, près d'une jonction de ruisseaux. Pour Chamousière, ne pas traverser le rif, passer sous une cabane de bergers en remontant des lacets et, par des pierriers, rejoindre le col même.

Tirer à flanc dans un immense pierrier sans essayer de perdre trop d'altitude (vers l'est), en longeant par en dessous des barres rocheuses. Puis bifurquer au nord-est pour traverser des alpages qui conduisent sans difficulté sous le col Agnel (2 744 m) et au refuge situé sur un replat.

5e étape : refuge Agnel (2580m) - col Vieux (2 806 m) - La Monta (1 661 m) - Ristolas (1 604 m) - Abriès (1 533 m)

Dénivelée : 230 m

Horaire : 5 à 6 h

Du refuge, partir vers l'est jusqu'aux ruines de l'ancien refuge. En gardant le même cap, venir suivre par un bon sentier l'Eychassier. Le traverser puis prendre quelques lacets qui conduisent au col-même.

De là, descendre en légère oblique dans un terrain caillouteux pour rejoindre le plat du lac de Foréant (2 618 m). Rester rive gauche, presque à flanc, puis descendre une petite barre pour passer un second lac, celui d'Egourgeou (2 394 m). Le terrain se raidit et les premiers mélèzes apparaissent. Le sentier devient aérien, traversant de temps à autre des gorges encaissées où coulent différents torrents. Passer au chalet de la Médille (1 955 m), et venir par un sentier forestier rejoindre le pont du Guil (1 687 m). Suivre alors la route qui mène à l'Echalp (1 687 m), puis à La Monta (1 663 m). De là, rive gauche du Guil, rejoindre Ristolas (1 604 m) et en reprenant les pistes de ski de fond, il vous reste encore une heure hors GR pour atteindre Abriès.

Au départ de Saint-Véran en direction du col Agnel.

Sinon, pour les plus courageux, il est possible de remonter depuis La Monta sur la Collette de Jilly (2 366 m) et de redescendre par le bois de la Brune pour rejoindre Abriès (compter depuis Ristolas au moins 5 heures supplémentaires).

6e étape : Abriès (1 533 m) - col du Malrif (2 866 m) - Les Fonds de Cervières (2 040 m)

Dénivelée : 1380 m

Horaire : 7 à 8 h

Quitter Abriès en prenant une petite portion sur la route des Aiguilles. Juste après le pont, on repère un sentier qui monte vers le hameau du Malrif (1 841 m). Poursuivre dans un alpage en direction du torrent du même nom, traverser aisément les torrents des Bans et du Pré Levier, puis franchir ce torrent du Malrif sur un pont. On rejoint alors la bergerie des Bertins (2 040 m). De là, la pente se redresse pour rejoindre le lac du Grand Laus (2 579 m). Suivre sa rive droite, et remonter un vallon pour accéder à la crête des Eaux pendantes (2 906 m) qui surplombe légèrement le col du Malrif.

Suivre alors un pierrier qui conduit sans difficulté à un alpage. On découvre le torrent de Pierre Rouge (2 412 m) qui sera notre fil conducteur jusqu'aux Fonds de Cervières.

7e étape : Fonds de Cervières (2 040 m) - col de Péas (2 629 m) - col du Tronchet (2 347 m) - Brunissard (1 746 m)

Horaire : 7 à 8 h

Partir vers le sud pour trouver un sentier s'élevant à coté du torrent du Venton. A l'entrée du vallon dont ce torrent est issu, partir au sud pour venir trouver une série de lacets sous le pic de Rochebrune. On rejoint alors le col qui peut être enneigé tard en saison. Descendre par un défilé, contourner un éperon. On rejoint alors le vallon de Péas et, plus bas, le chemin de la mine d'amiante (2 273 m). En remontant d'une dizaine de mètres, on croise le chemin venant de Ville Vieille. Toujours plein sud, descendre jusqu'à 2 100 m. Une série de lacets conduit à la Croix de Souliers avant de changer de direction pour mener à Souliers (1 844 m). Reprendre au nord un sentier montant vers les bergeries de Souliers (2 064 m). Une nouvelle série de lacets dans les mélèzes conduit au col Tronchet (2 347 m). De là, prendre un sentier à flanc (possibilité de passer au lac de Souliers en 1 h en aller-retour) pour venir couper la route Départementale 902 issue du col de l'Izoard (2 200 m). La traverser pour retrouver un sentier qui longe le torrent issu du col, on rejoint alors La Draille puis Brunissard, terme de notre circuit.

PRATIQUE

Généralités
Le tour du Queyras permet de découvrir le bassin du Guil. Située en bordure du mont Viso, c'est une région de lumières bordée par des montagnes accessibles, des forêts de mélèzes superbes et des alpages ouverts. En un mot, c'est le terrain de prédilection des randonneurs. S'appuyant sur le Briançonnais, c'est déjà une région méridionale qui profite d'un ensoleillement incroyable. C'est enfin un pays culturellement riche, avec des traditions, des villages intacts et une population ouverte. Pour toutes ces raisons, le GR 58 qui en fait le tour est l'un des circuits les plus parcourus de France.

Accès
- Par la route : depuis la Nationale 94 qui relie Briançon à Gap, passer par Guillestre (34 km au sud de Briançon) ou l'été par le col de l'Izoard. S'enfiler par les gorges du Guil en suivant la Départementale 902 et juste avant Château-Queyras, remonter à gauche en direction d'Arvieux (si du moins vous avez décidé de commencer votre circuit à Brunissard).

Par le train : desservi par la gare de Mont-Dauphin (4 km de Guillestre). Plusieurs services de cars et de taxis assurent la liaison entre cette gare et les différents villages du Queyras.

Saison
On peut pratiquer la randonnée du mois de juin à la mi-octobre avec, sur chaque mois, un centre d'intérêt différent. Juin est un mois extraordinaire pour les fleurs, l'été est une période propice pour flâner sur les sentiers, l'automne avec les mélèzes qui prennent une robe fauve est idéal pour la contemplation au milieu de ces grands espaces.

Bibliographie
- L'indispensable topo-guide de la FFRP : *Tour du Queyras, GR 58, 541* qui présente en détail le circuit et toutes les variantes possibles.
- *Les parcs naturels régionaux,* éditions Gallimard.
- *Queyras, Hommes et Montagne,* Bernard Boyer
- *Queyras, Circuit pédestre n°19,* Martine Canet, Pierre Putelat, Guide Franck.

Cartographie
- Carte au 1/50 000e Didier Richard n° 10 Massif du

Queyras
- Haute Ubaye pour une vision générale du circuit.
- Cartes au 1/25 000e IGN 3536 E Montgenèvre
3637 O Aiguilles, Parc Naturel Régional du Queyras
3537 E Ceillac, Château-Queyras, Parc Naturel Régional du Queyras

Numéros utiles
Météorologie : 08.36.68.02.05 (prévision à 5 jours)

Office de promotion du tourisme en Queyras, maison du Queyras, 05470 Aiguilles, tél : 04.92.46.76.18
Parc Naturel Régional du Queyras, route de la Gare, 05600 Guillestre, tél : 04.92.45.06.23
Maison des Hautes-Alpes, 4 avenue de l'Opéra, 75001 Paris, tél : 01.42.96.04.47

Refuges,
gîtes d'étapes
Brunissard, Arvieux : voir office du tourisme d'Arvieux, tél : 04.92.46.75.76 tout type d'hébergement.
Refuge de Furfande, tél : 06.09.37.95.95 ou hors saison, 04.92.45.10.25
Ceillac : voir à l'office du tourisme, tout type d'hébergement, tél : 04.92.45.05.74
Saint-Véran : voir office du tourisme, tout type d'hébergement, tél : 04.92.45.82.21
Refuge Agnel, tél : 04 92 45 83 90
Abriès : voir office du tourisme, tout type d'hébergement, tél : 04.92.46.72.26
Fonds de Cervières, gîte d'étape GTA, tél : 04.92.21.17.05 ou 04.92.21.32.82

Un petit plus...
Le service Sherpa permet d'effectuer le tour du Queyras léger et de retrouver chaque soir ses affaires à l'étape du jour. Le sac étant pris en charge par un professionnel du transport, on peut ainsi randonner léger. Plus de 9000 randonneurs ont déjà fait confiance à ce service en pleine expansion...
Transport Petit-Mathieu, Sherpa, tél : 04.92.46.71.56

Gabriel Berge à St-Véran.

PYRÉNÉES CENTRALES
AU CŒUR DE LA HAUTE-ROUTE

Entre le Néouvielle, le cirque de Gavarnie, le mont Perdu, le Vignemale, voici une partie de la Haute-Route. Huit jours de randonnée qui font découvrir le cœur des Pyrénées. Un circuit sauvage, majestueux, pour tous ceux qui aiment encore vagabonder.

Au pied c

J'ai tout de suite aimé les Pyrénées. Moi l'alpin, j'en suis tombé confusément amoureux. Comme si dans ce rassemblement des montagnes et des lacs, des bergers et des isards, il y avait toute cette montagne de l'enfance. Celle où les alpages se mélangeaient intensément avec cette haute montagne, celle où le simple fait de sortir des chemins trop bien tracés devient une belle aventure, sensuelle et émouvante, celle où le crocus et le Grand tétras valent toutes les folies d'un séjour en haute altitude. Victor Hugo, au siècle dernier déjà, traduisait dans son *Voyage aux Pyrénées* cet émerveillement, tout spécialement lorsqu'il évoquait Gavarnie, site justement au centre de notre périple : " *Vous avez visité peut-être les Alpes, les Andes, les Cordillères : vous avez depuis quelques semaines les Pyrénées sous les yeux ; quoi que vous ayez pu voir, ce que vous apercevez maintenant ne ressemble en rien à ce que vous avez rencontré ailleurs. Jusqu'ici, vous avez vu des montagnes ; vous avez contemplé des excroissances de toutes formes, de toutes hauteurs ; vous aviez exploré des croupes vertes, des pentes de gneiss, de marbre ou de schiste, des précipices, des sommets arrondis ou dentelés, des glaciers, des forêts de sapins mêlées à des nuages, des aiguilles de granit, des aiguilles de glace ; mais je le répète, vous n'avez nulle part ce que vous voyez en ce moment à l'horizon.*

La face Nord du mont Perdu, à l'Envers du cirque de Gavarnie.

Au milieu des courbes capriçantes des montagnes hérissées d'angles obtus et d'angles aigus, apparaissent brusquement des lignes droites, simples, calmes, horizontales ou verticales, parallèles ou se coupant en angles droits, et combinées de telle sorte que de leur ensemble résulte la figure éclatante, réelle, pénétrée d'azur et de soleil, d'un objet impossible et extraordinaire.

Est-ce une montagne ? Mais quelle montagne a jamais présenté ces surfaces rectilignes, ces plans réguliers, ces parallélismes rigoureux, ces symétries étranges, cet aspect géométrique ?

Est-ce une muraille ? Voici des tours en effet qui la contrebutent et l'appuient, voici des créneaux, voilà les corniches, les architraves, les assises et les pierres que le regard distingue et pourrait presque compter, voilà deux brèches taillées à vif qui éveillent dans l'esprit des idées de siège, de tranchées et d'assaut ; mais voilà aussi des neiges. Nous

Le refuge de Tuquerouge, le plus ancien des Pyrénées.

sommes au cœur de l'été et du midi : ce sont donc des neiges éternelles. Or quelle muraille, quelle architecture humaine s'est jamais élevée au niveau effrayant des neiges éternelles ? Babel, l'effort du genre humain tout entier, s'est affaissée sur elle-même avant de l'avoir atteint.

Qu'est-ce donc que cet objet inexplicable qui ne peut pas être une montagne et qui a la hauteur d'une montagne, qui ne peut pas être une muraille et qui a la forme des murailles ?

C'est une montagne et une muraille tout à la fois ; c'est l'édifice le plus mystérieux du plus mystérieux des architectes ; c'est le colosseum de la nature : c'est Gavarnie".

Des montagnes pétries d'humanité

Néouvielle, brèche de Tuquerouye, mont Perdu, Cylindre, brèche de Roland, Gavarnie, Vignemale : voilà les citadelles, les coursives, les courtines, les pinacles, les hourds de ces montagnes habitées encore par le souvenir de ceux qui les ont imprégnées de leur humanité. Les poètes, les romantiques bien sûr qui, au siècle dernier, transformèrent ces bastions de pierre en d'incroyables chimères, mais aussi les alpinistes comme Henri Brulle, les aficionados comme le comte de Russel qui n'hésita pas à aménager de véritables grottes pour vivre encore plus près de ses montagnes. Sur ces arpents d'humus, de calcaire ou de gneiss, nous avions envie de nous perdre, ou du moins faire semblant de le croire.

Le vautour fauve

Au-dessus du mont Perdu, nous les avons vu voler, et le spectacle était saisissant. Cet assemblage de pattes, de plumes, avec son cou dénudé et sa morphologie rappelant une immense aile rectangulaire d'où emmergent seulement deux petites excroissances, la tête et la queue courte et large, laisse pantois. Le vautour fauve est bien l'un des plus beaux planeurs du ciel. Avec ses 2,80 m d'envergure, il effectue des rondes sans fin dans le ciel. C'est le plus grand rapace pyrénéen et son poids moyen est de 7 kg. C'est un charognard qui se nourrit de cadavres de mammifères, essentiellement d'ovins et de bovins. Sa répartition dans la chaîne suit celle des troupeaux. Il vit en colonie et utilise sa vue pour repérer ses proies. La découverte d'un cadavre attire très rapidement l'ensemble de la bande. Nichant dans les falaises, le vautour fauve n'a qu'un petit par an. C'est au mois de décembre qu'il s'accouple et l'incubation, qui débute en janvier, dure deux mois. L'oisillon restera quatre mois à l'aire avant de s'envoler et de s'émanciper avant l'automne. Alor qu'il s'agisait d'une espèce pratiquement en voie d'extinction au début dés années 60, on compte aujourd'hui plus de 1500 couples répartis sur l'ensemble de la chaîne dont 350 sur le versant français. Malgré son aspect redoutable, il est parfaitement inoffensif. Ses serres ressemblent à de grosses pattes de poules et son bec ne sert qu'à déchirer les tissus morts. Entre deux cadavres, ou si le mauvais temps persiste, il peut jeuner pendant plusieurs semaines.

Sous le Piméné, la vue embrasse tout le cirque de Gavarnie.

Sentir que quelque part, la montagne ne nous appartient plus. Sur cette Haute-Route des Pyrénées, nous sommes redevenus des enfants, jouant à cache-cache avec la nature, émerveillés devant le vol du vautour fauve, éblouis par les couleurs lacustres, séduits par le chemin des crêtes, impressionnés par les cirques d'altitude, décontenancés par les sierras espagnoles, abasourdis par le Vignemale, encore sous le charme des cascades et des torrents, imprégnés jusqu'au bout des semelles de cette belle remarque d'Henri Brulle, l'inventeur du pyrénéisme, le premier à avoir osé le couloir de Gaube en 1889 : *"L'alpinisme c'est l'escalade. Le pyrénéisme, c'est moins l'esprit qui l'anime que la soif de la solitude et de la liberté, l'attrait du pittoresque, de l'aventure, la*

pénétration dans le mystère des aspects sacrés de la nature".

C'est au Néouvielle que tout a commencé. Ce chemin imaginaire que nous avions tracé sur les cartes et qui, de sommets en talwegs, nous conduisait par-delà les monts, devenait réalité. Une réalité tangible avec ses torrents, le bruit des premières marmottes et une immersion tout en douceur. Nous n'étions pas encore complètement seuls. La réserve naturelle du Néouvielle serait le premier rendez-vous. Dès l'Hourquette d'Aubert, nous avons compris que les Pyrénées étaient un monde à part, avec son particularisme, ses coutumes et ses vibrations. De cette *hourquette,* puisque c'est ainsi que l'on appelle un col, la vue s'étendait sur des dizaines de lacs et de laquets incrustés dans le granit. Des pins à crochets montant sur les plus hautes pentes donnaient à l'ensemble un air canadien, le crapaud accoucheur qui mettait 20 ans avant d'atteindre l'âge adulte faisait la fierté des biologistes, quant au Grand tétras ou coq de bruyère, en redescendant vers la vallée, il se peut bien qu'il nous ait gratifiés d'un de ses chants matinaux.

Au début, avec nos sacs lourds, notre tente et nos piolets, nous faisions figure de pionniers, voire de marginaux. On avait beau croiser un curé en soutane, une randonneuse en robe de soie, beaucoup devaient se demander qui étaient ces curieux pèlerins qui arboraient les signes d'une autonomie presque certaine. Nous partions pour huit jours d'un voyage vers ce socle de la terre, reprenant la réflexion de Ramond de Carbonnières : *"Du mont Blanc, il faut venir au mont Perdu : quand on a vu la première des montagnes granitiques, il reste à voir la première des montagnes calcaires".* Nous avons suivi ce conseil, partant plein est vers cette ligne de crêtes, frontière naturelle pour les intempéries. Nous aurions pu emprunter le GR 10, beaucoup plus facile. Elaboré dans les années 60, il effleure à peine les hautes cimes. Mais nous avions opté pour la Haute-Route pyrénéenne, une randonnée alpine plus en accord avec notre fringale d'aventure. Dès le deuxième jour, nous avons su que cette nature rebelle nous avait acceptés. Il n'y avait déjà plus grand monde et la montée à l'Hourquette de Badet entre pic Long et pic de Campbiel se révéla enchanteresse. Un groupe d'isards, surpris au détour d'un virage, disparut à toute

Le lac d'Aubert, dans la réserve du Néouvielle.

vitesse. Nous abordions enfin cette montagne de solitude qui n'allait plus nous quitter durant le reste de la semaine, avec en prime cet animal symbolique, paré de mystère et soulignant la différence entre Alpes et Pyrénées : l'isard. Pourtant, à y regarder de près, il n'est pas si différent, ce cousin du chamois. Sauf qu'il est plus léger (il pèse entre 25 et 35 kg) avec une robe un peu plus claire. Au cœur du Parc national des Pyrénées, on en recense plus de 4 500.

Devant nous, l'Espagne et ses sierras

Il fallait remonter, chercher le lys des Pyrénées, traîner ses guêtres dans les vallons suspendus, retrouver sur la carte les chemins oubliés, suivre la dérive des nuages et du vent et, à mi-chemin, nous savions qu'un voyage à pied, s'il a un début et une fin, une couleur et un grain particuliers, a aussi des plénitudes. Le passage de la brèche de Tuquerouye avec sa dernière pente raide et en neige dure servirait de sésame. Le plus vieux refuge des Pyrénées construit en dur, une vallée oubliée avec un lac glacé, voilà où serait notre prochain bivouac. Huit à dix personnes réparties sur des milliers d'hectares, un lac encore dans la glace, un sommet légendaire, le vol des vautours et, pour finir, un orage de cinéma : le décor était planté. Loin de tout et surtout des hommes, l'esprit pouvait vagabonder et retrouver ce sens inné de la découverte. Pas besoin d'être un fort alpiniste ou un vertueux randonneur pour venir se perdre ici, il faut juste le vouloir. Et quand à l'aurore, il a fallu reprendre la route, les mordorés donnaient encore plus de force au paysage. D'un coup, nous avons basculé. D'un côté s'étendaient les Astazous, la brèche de Tuquerouye, les pics de Pinède, de Forcarral, la Munia et le Robinyera, le lac glacé et, de l'autre, s'offraient pour la première fois au regard le petit étang glacé qui est à l'origine de la grande cascade de Gavarnie et surtout l'Aragon, ses paysages encore plus minéraux, décharnés.

A cet instant précis, nous avons su où se situaient l'équilibre du monde et des sommets. Mais il a fallu très vite continuer, suivre les vires aériennes, longer les grandes parois, effleurer la grotte Casteret et puis revenir à la brèche de Roland. Loin de l'image d'Epinal, c'était la foule qui nous attendait, criarde et bavarde, paillarde et désuète. Alors nous avons imité les éterlous pour descendre encore plus vite les névés et rejoindre le refuge des Sarradets.

La montagne nous avait prodigué une belle leçon et notre vagabondage aurait pu s'arrêter là. Mais nous avions encore rendez-vous avec la vallée d'Ossoue, et surtout avec le massif du Vignemale. Vignemale, encore un nom magique pour les amateurs de grands sommets. Pour les pyrénéistes, c'est une montagne incontournable. Le Petit Vignemale, aux heures d'initiation, le Vignemale tout court aux heures d'illumination. En montant tranquillement au refuge de Bayssellance, nous avions aperçu trois grottes, apparemment anodines, creusées à travers les schistes. C'est là qu'un autre bonhomme a connu l'extase. Il imaginait les Pyrénées comme des montagnes féminines, qui, *"plus sveltes, plus onduleuses et délicates (que les Alpes), sont allongées et somnolentes : elles ont l'air de rêver au soleil"*. C'était le comte Henri Russel, une autre figure emblématique des Pyrénées. Personnage fabuleux que cet aristocrate né à Toulouse en 1832 qui, après avoir passé le cap Horn, traversé la Sibérie en plein hiver, visité la Chine déguisé en pèlerin, parcouru le désert de Gobi, exploré la Nouvelle Zélande, va jeter son dévolu sur le Vignemale. Une passion si extravagante qu'il va transformer cette montagne en résidence secondaire ! Pendant trente ans, il va parcourir cette chaîne ; mais c'est au Vignemale qu'il forma dès 1880 le projet de creuser des grottes au sommet du glacier à près de 2 400 m. Pendant quatorze ans, on verra alors défiler tout ce que cette fin de siècle compte de guides, de pyrénéistes et de célébrités originales. Le voici de fait propriétaire du Vignemale qu'il utilise comme résidence d'été et il reçoit avec faste plus de trente personnes. En 1888, Russel va demander la concession sur le Vignemale. Une concession qui lui sera accordée par la préfecture pour 99 ans et pour la modique somme d'un franc... Elle va devenir sa compagne, la quintessence du pyrénéisme et il n'hésitera pas à souligner : *"On adopte une montagne, on l'épouse, on l'adore, on la présente fièrement à ses amis, et on finit par lui trouver tant de vertus et de beautés, par l'idéaliser à un tel point, qu'on a plus d'yeux doux, plus d'amour que pour elle. J'en suis arrivé là pour le Vignemale. A force d'y vivre, j'en suis tout à fait tombé amoureux"*.

En franchissant l'Hourquette d'Ossoue pour approcher la face Nord du Vignemale, puis le lac de Gaube et le Pont d'Espagne (autre lieu magnifique et arrivée de notre périple), nous ne pouvions nous empêcher de nous demander qui des hommes ou des montagnes ont le plus imprégné l'autre ? Des sommets fantastiques, des endroits préservés, une faune et une flore intactes, des histoires homériques, ce n'était pas simplement quelques verticales anodines, ni même un quelconque sentier. Ce pays rugueux, qui s'apprivoise parfois, qui se rebelle souvent, est un pays authentique ; espérons qu'il restera longtemps ainsi.

Itinéraire

1er jour : pont de la Gaubie (1 538 m) - Hourquette d'Aubert (2 498 m) - refuge-hôtel d'Orédon (1 852 m)

Dénivelée : 960 m

Horaire : 5 à 7 h

Du pont, suivre le GR 10 qui part plein sud en direction de la cabane de la Pégue. Vers 1 741 m, le laisser sur sa gauche pour se diriger le lac dets Coubous (2 041 m). En longeant celui-ci rive droite, on passe la cabane EDF puis on dépasse une succession de petits lacs. Le lac Espagnol à 2 235 m termine cette succession. De là, on s'engage dans une traversée qui, par quelques lacets raides, conduit à l'Hourquette d'Aubert. Belle vue sur le pic de Néouvielle et le pic des Trois Conseillers. De là, par une nouvelle traversée à flanc dans des pierriers, venir rejoindre le bout de la route qui conduit au lac d'Aubert (2 148 m). Passer alors au pied du barrage pour retrouver un sentier qui conduit aux Laquettes (2 081 m) d'où l'on rejoint le sentier principal qui mène au lac d'Orédon. On peut éventuellement bivouaquer dans ce secteur en demandant à la maison de la Réserve Naturelle où se situent les emplacements de bivouac (attention, bivouac réglementé par le PNPO).

2e jour : lac de l'Orédon (1 852 m) - Hourquette de Badet (2 902 m) - Gèdre (1 001 m)

Dénivelée : 1 050 m

Horaire : 7 à 9 h

Longue étape qui nécessite de partir de bonne heure. Du lac, commencer par prendre sur quelques centaines de mètres la route, avant de trouver un chemin qui le longe par le pas del Liom. On rattrape ainsi les lacets de la route qui mène au pied du lac de Cap de Long (2 175 m). De là, suivre le sentier rive droite, prendre quelques lacets, traverser avant de redescendre un peu pour atteindre le vallon sud. Traverser le torrent de Cap de Long pour remonter rive gauche et accéder ainsi à un replat marécageux vers 2 591 m. Traverser le ruisseau et continuer par un chemin cairné sur un épaulement. Continuer sur le flanc gauche d'un vallon et déboucher dans un cirque où s'étale le Gourg de Cap de Long (2 845 m). De là, en amont de petits murs, monter à l'Hourquette de Badet (appelée aussi *de Cap de Long*, 2 902 m). Descendre alors hors sentier par un goulet pierreux, puis dans des pentes d'herbes assez raides. On perd très vite 350 m de dénivelée. Traverser alors à gauche pour rejoindre 300 m encore

A l'Hourquette d'Aubert, le premier jour.

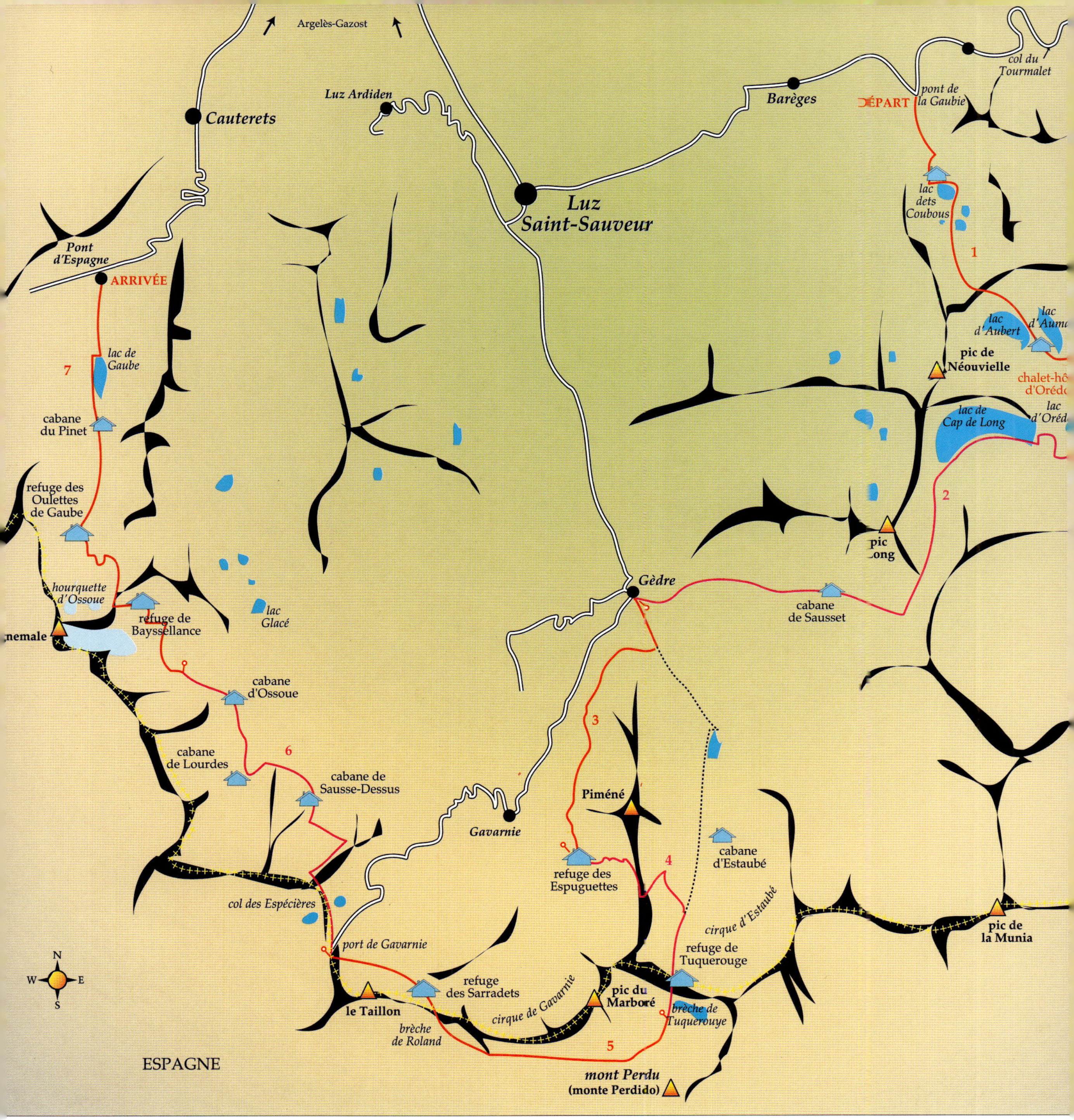

plus bas, le sentier issu du port de Campbieil (vers 2 351 m). On est alors sur la HRP. Passer alors à la cabane du Sausset (1 935 m), puis en se dirigeant vers l'ouest, on descend doucement sur Gèdre. Ravitaillement, divers types d'hébergement, camping.

3e étape : Gèdre (1 001 m) - cabane Blanque (1 777 m) - refuge des Espuguettes (2 027 m)

Dénivelée : 1 300 m

Horaire : 5 à 6 h.

Du village, prendre au début la route d'Héas et, à la sortie du village, monter dans le bois de Coumély ; un sentier raide permet de gagner rapidement de la dénivelée. Rejoindre ainsi la cabane Blanque, puis abandonner le sentier principal pour prendre à l'ouest un sentier balcon qui va passer sous la montagne de Coumély. On passe ainsi non loin du lac de la Hosse, toujours à flanc, passer sous la face Nord du Piméné et venir par une dernière pente sans sentier réellement marqué ; rejoindre un passage situé à 2 275 m, juste au-dessus du Pain de

Sucre. Une succession de vallons, de pentes d'herbes, avec une arête moitié herbe/moitié rocher permet de rejoindre le Cap Latus (2 149 m) qui ramène en traversée sur le plateau des Cardous. De là, descendre d'environ une centaine de mètres pour retrouver le refuge.

4e étape : refuge des Espuguettes (2 027 m) - le Pimené (2 801 m) - brèche de Tuquerouye (2 666 m)

Dénivelée : 1 300 m

Horaire : 5 à 6 h

Du refuge, prendre le sentier qui ramène sur la HRP et qui à travers un bel alpage conduit au pied de la crête qui relie le pic Rouge de Pailla au Pimené. Vers 2 300 m, prendre le chemin de gauche qui mène en direction de ce sommet. Nous vous conseillons cette variante qui permet d'accéder à l'un des plus beaux belvédères sur le cirque de Gavarnie. Laisser les sacs sur la crête même vers 2 480 m. En aller-retour, poursuivre sur le versant oriental, contourner le Cap Latus avant de revenir sur la crête que l'on suit jusqu'au Pimené. Revenir alors sur vos pas, et, à cheval sur la crête, venir rejoindre le sentier principal sous l'Hourquette d'Alans (2 430 m). Prendre une longue traversée qui conduira à l'aplomb de la borne de Tuquerouye. Passer une série de gradins et accéder à un petit col derrière cette borne. De là, prendre pied dans la pente de neige que l'on remonte sur environ 200 m et qui se raidit sur la fin (35 à 40°). Atteindre alors le refuge de Tuquerouge, le plus vieux des Pyrénées (2 666 m - construit en 1891, 20 places, un poêle à bois et les bat-flanc ont été restaurés en 97).

Sinon, on peut bivouaquer (attention, c'est l'un des rares sites, avec les alentours du refuge Goriz, à être autorisés dans le Parc national d'Ordessa et du Mont-Perdu) au pied du Lac Glacé. Descendre pour cela d'environ une centaine de mètres par des éboulis et choisir son emplacement au mieux.

5e étape : lac Glacé (2 592 m) - col du Cylindre (3 100 m) - brèche de Roland (2 807 m) - Port de Gavarnie (2 270 m)

Dénivelée : 600 m

Horaire : 6 à 7 h

Du lac Glacé, se diriger vers le sud-ouest jusqu'à la base d'une étroite barre rocheuse qui ceinture le bassin. Franchir la rimaye et gravir la cheminée qui fait suite (pas de III), retrouver alors une pente de neige assez raide. En partant en oblique à droite, rejoindre une arête de neige (piolet utile), et venir buter sur la pente qui conduit au col du Cylindre. De là, descendre sur la gauche pour venir franchir une

petite barre rocheuse qui domine l'étang Glacé. A ce niveau, abandonner alors le sentier qui vient du refuge Goriz et partir à flanc, plein ouest sur un sentier cairné qui va venir longer l'arête issue du Cylindre du Marboré. Se diriger alors en direction du col de la Cascade. Sous celui-ci, venir passer des petites

Depuis l'Hourquette d'Ossoue, une montagne emblématique : le Vignemale et sa face Nord.

barres rocheuses par des bouts de couloirs (cairns). On se retrouve sur un sentier en balcon entre deux barres rocheuses. Continuer ainsi en louvoyant jusqu'au col des Isards et, par une nouvelle traversée à flanc sous le Casque, remonter d'environ une centaine de mètres sur la brèche de Roland. Descendre alors sur le refuge des Sarradets (2 587 m) où on peut éventuellement se restaurer. Une traversée à flanc sous le Taillon, légèrement descendante, amène au port de Gavarnie.

Selon sa forme, on peut décider ou non de continuer un peu pour installer son bivouac.

6e étape : port de Gavarnie (2 270 m) - crête du Soum Blanc (2 603 m) - cabane d'Ossoue (1 834 m)

Dénivelée : 600 m

Horaire : 4 à 6 h

Etape se déroulant au départ sur une arête très aérienne et qui ne doit s'entreprendre que par bonnes conditions. Prendre vers le nord, en direction du pic d'Entre-les-Ports (2 476 m), continuer sur la ligne de crête en direction du sommet. L'atteindre par un sentier soutenu, puis rester sur cette ligne pour passer le pic de Saint-André situé légèrement en dessous. S'engager dans un vallon étroit au début qui amène rapidement dans la vallée de Sausse-Dessus, on rejoint alors vers 1 900 m, la cabane du même nom. Traverser alors par une variante du GR 10 en restant à flanc pour accéder à la cabane de Lourdes (1 947 m). Toujours en traversée et sans perdre trop d'altitude, on rejoint la cabane d'Ossoue où l'on peut dormir.

A noter que si on ne part pas trop tard, il est possible en stop (secteur fréquenté par les randonneurs) d'effectuer un aller-retour à Gavarnie pour un ravitaillement.

7e étape : cabane d'Ossoue (1 834 m) - Hourquette d'Ossoue (2 734 m) - Pont d'Espagne (1 496 m)

Dénivelée : 900 m

Horaire : 6 à 8 h

Du barrage, prendre rive gauche du lac avant de traverser pour suivre le torrent des Oulettes. Une première montée un peu raide conduit dans un cirque où persiste souvent un grand névé. Le traverser vers la droite pour rejoindre un sentier en balcon assez aérien et soutenu qui conduit par une traversée orientée ouest vers les grottes de Bellevue (2 378 m). Vers 2 550 m, on abandonne à droite l'itinéraire qui part vers le Petit Vignemale pour, par un dernier raidillon, rejoindre le refuge de Baysselance (2 651 m). De là, une courte traversée ascendante conduit à l'Hourquette d'Ossoue. Entamer la descente légèrement à droite vers la crête du même nom pour, après une zone de pierriers (ou de névés), rejoindre une variante du GR 10. Une longue traversée puis une série de lacets permettent de rejoindre un vaste plateau marécageux où se situe le refuge des Oulettes de Gaube (2 151 m) ; magnifique vue sur l'une des plus prestigieuses montagnes des Pyrénées : le Vignemale. Continuer à descendre en fond de vallon, pour rejoindre le lac de Gaube (1 725 m). Puis, en prenant rive droite, descendre rapidement sur Pont d'Espagne, arrivée de ce périple. Navette ou stop pour rejoindre le bas de la vallée (à moins que l'on ait pensé à laisser une voiture).

A noter que depuis le lac de Gaube, on peut éventuellement prendre un télésiège pour s'épargner 200 m de dénivelée (prendre pour cela le chemin de gauche et qui part à flanc).

La brèche de Roland, versant français. Un haut-lieu de la randonnée.

PRATIQUE

Généralités
Le circuit qui vous est proposé ici est à la limite de la randonnée pédestre. Situé au cœur des Pyrénées, dans le parc national, il permet de découvrir et de traverser quelques-uns des sites les plus remarquables de cette chaîne de montagne : la réserve naturelle du Néouvielle, le cirque de Gavarnie (connu à travers le monde), le mont Perdu, la brèche de Roland et le Vignemale. C'est sans doute l'une des plus belles approches que l'on puisse avoir de ce grand massif. Mais avec des pentes à 35° (brèche de Tuquerouye), des petits pas d'escalade en III (montée au mont Perdu), il s'apparente plus à de la randonnée alpine. Plus que la technique, c'est l'esprit dans lequel il est réalisé et proposé qui en fait une randonnée à part. Pour des raisons de liberté et d'autonomie, on peut le réaliser sous tente (mais ce n'est pas une obligation) et c'est ce qui fait son charme. Car les Pyrénées, vaste espace sauvage, s'accommodent très bien de ce type de pratique. Ce circuit est donc réservé à des randonneurs expérimentés et entraînés qui n'hésiteront pas à porter un sac un peu lourd (bien que l'on puisse dormir à certaines étapes en gîte ou refuge), manieront avec aisance carte, boussole, altimètre ou à des alpinistes qui veulent découvrir les Pyrénées Centrales.

Accès
De Genève, prendre l'autoroute jusqu'à Lyon puis l'A7 en direction de Montpellier. Après Narbonne, bifurcation pour Toulouse d'où la Transpyrénéenne conduit jusqu'à Tarbes. Compter environ 8 à 9 h entièrement sur autoroute de Genève jusqu'à ce point. De là, rejoindre Lourdes puis Pierrefitte-Nestalas et bifurquer à Lus Saint-Sauveur pour Barèges et le col du Tourmalet. Le départ de notre circuit est au pont de la Gaubie (Selon circulation 1 h 30 à 2 h en sus)

Saison
En raison de l'altitude de certains cols, de traversées aériennes, de passages raides et d'un enneigement conséquent, ce circuit est praticable essentiellement pendant la partie estivale, du mois de juillet à fin septembre.

Matériel
Outre le matériel classique de randonnée, prévoir des chaussures semi-rigides au minimum pour pouvoir mettre des crampons, 1 piolet et une corde de 20 m pour assurer dans quelques passages.
Si vous avez décidé de bivouaquer, réchaud et gamelles, duvet, matelas isolant, tente à prévoir.
A noter qu'il est possible de dormir dans certaines cabanes qui sont équipées sommairement, généralement un bat-flanc et qui disposent de 4 à 6 places. Si on accepte un confort sommaire, on peut donc se passer de la tente.

Bibliographie
Même si l'itinéraire que nous vous proposons louvoie entre GR 10 et Haute-Route des Pyrénées, il demeure assez original. On trouve l'essentiel des étapes proposées ici avec de nombreuses variantes dans le livre de Georges Véron : *La haute Route pyrénéenne* qui présente la traversée intégrale de cette chaîne en 43 étapes. Preuve du succès de ce périple, on en est à la 11e édition...

Vers le pic de la Cascade (versant espagnol).

Dans la face Nord du mont Perdu, le seul pas d'escalade du circuit.

Cartographie
- Trois cartes sont nécessaires pour bâtir ce circuit :
Secteur Néouvielle, Carte IGN, 1748 ET, Néouvielle, Vallée d'Aure. Parc national des Pyrénées.
Secteur Gavarnie, mont Perdu, Carte IGN 1748 OT, Gavarnie, Luz Saint-Sauveur
Secteur Vignemale, Carte IGN 1647 OT, Vignemale-Ossau-Arrens

Numéros utiles
- Météo : 08.36.65.02.64

- Secours : 05.62.92.78.07 à Pierrefitte Nestelas,
- 05.62.9248.24 à Gavarnie
- Renseignements utiles, achats de cartes, topos auprès de Cimes Pyrénées, BP 24, 4 rue Maye Lane, 65240 Ibos Cédex, tel (00.33 si on appelle de Suisse) 05.62.90.09.92

Hébergement, refuges
- Néouvielle, chalet-refuge de l'Orédon, tél : (00.33.) 05.62.39.63.33 .
- Gèdre, de nombreux types d'hébergement, du camping à l'hôtel, renseignements, office du tourisme : (00.33) 05.62.92.48.05
- Gavarnie : refuge des Espuguettes, tél : (00.33). 05.62.93.30.60
- refuge des Sarradets, tél : (00.33).05.62.93.37.20
- Vignemale : refuge de Baysselance, tél : (00.33). 05.62.92.40.25
- refuge d'Oulette de Gaube, tél : (00.33). 05.62.92.62.97

TRAVERSÉE DU VERCORS
LA BELLE TRANSITION

Ni complètement méridional, ni tout à fait alpin, ce massif avec ces hauts plateaux si rugueux et si attachants est sans doute le pays de la transition. Le calcaire y est maître. En sa compagnie, partez pour le GR 91 qui sillonne cette zone particulièrement sauvage.

Le Vercors est une belle histoire. Pétri d'humanité, il permet d'accomplir mille voyages. Des verticales aux gouffres les plus prononcés, c'est un espace d'infini. Pourtant, ce sont les horizontales qui nous ont attirés. Chemins bordés de Lauzes, sentiers patinés dans les lapiaz, lacets effleurant les grandes parois, pins à crochets servant de bornes, cairns à la croisée des chemins, parterres floraux colorant l'horizon, c'est là que nous avons marché, errant parfois sur d'immenses plateaux descendant aussi par des pas aériens, traversant les hauts sommets comme sur un chemin d'étoile. En 1904, Henri Ferrand, célèbre géographe, écrivait déjà : "*Que l'on se figure un vaste plateau ondulé, d'une altitude de mille mètres environ, d'où ne surgit aucun pic supérieur à 2400 m et bien peu dépassant 1700 m d'élévation. Que l'on réfléchisse que par suite, il n'y a pas de condensation rapide et précipitée, pas de centres de froid, pas de glaciers, pas d'oscillations brusques de la température. Si par surcroît, l'absence très prolongée de voies de communication a matériellement empêché cette région de faire le trafic des bois et l'a maintenue jusqu'à nos jours ouatée de son précieux revêtement de forêts, régulateur des eaux et de l'atmosphère, ce plateau ne peut manquer d'être un séjour béni d'air pur*".

Le cirque d'Archiane vu de la montagne de Glandasse.

Autrefois chemin du vin, des colporteurs et des bergers, aujourd'hui sentiers des randonneurs

En ce début juin, peu de randonneurs fréquentent ce haut pays. Les prairies arborent leur parure bigarrée et saisonnière : trolles, soldanelles, gentianes, orchidées sauvages, lys martagon. L'hôte millénaire qui bientôt envahira les alpages est absent. La transhumance n'a pas débuté et les milliers de moutons paissent encore en Provence. La montagne est livrée à elle-même. Et le Vercors, à deux pas pourtant d'un grand centre urbain se révèle être encore un désert blanc. Blanc comme cette roche qui se laisse sculpter par les eaux, blanc comme ce soleil qui, au zénith, va venir cogner, blanc comme ce lièvre qui ne sait pas encore que l'été est pour bientôt.

Nous allons suivre cette piste des grands plateaux, rarement occupée ; n'allez pas croire qu'elle est pour autant abandonnée. Autrefois, ce fut le chemin du vin entre Grenoble et Die, l'itinéraire des colporteurs et des bergers. Sur ce balcon protégé, Lionel Terray vit pour la dernière fois le soleil, les chasseurs d'ours se retrouvaient au col de l'Arc, les muletiers au col Vert, les guerriers sarrasins furent copieusement reçus par les gens de Corrençon au pas de la Balme, les ramasseurs de crottes de moutons suivaient à la trace les troupeaux au pas de la Ville ; jamais un lieu apparemment désert n'eut autant d'histoires à raconter.

Toute randonnée a un début et une fin, comme s'il fallait délimiter une errance et lui trouver des limites. Pour nous, ce sera Saint-Nizier et quatre jours plus tard, Châtillon-en-Diois, dans la Drôme. Du nord au sud pour mieux capter les contradictions de ces préalpes qui ne savent toujours pas si elles sont alpines ou provençales. Les Trois Pucelles seront notre premier repère. Elles se découpent étrangement dans le paysage, et l'on dirait qu'elles

Au pas de la Selle, le jour se lève sur le mont Aiguille.

veulent s'élancer vers les nuages. Ces grands menhirs de calcaire sont en fait au nombre de quatre : Couteau, dent Gérard, Grande Pucelle et Pucelle de Saint-Nizier. La légende rapporte qu'on les appelle ainsi parce qu'il s'agirait en fait de trois jeunes filles qui, pour échapper à un méchant seigneur, auraient été changées en statue à leur prière. Elles estomaquent tous les visiteurs, et forment un belvédère incroyable sur Grenoble. Saint-Nizier fut un des sites héroïques de la résistance et c'est par là que les Allemands confisquèrent en 1944 cette liberté qui, sur le plateau, avait su retrouver ses premières assises.

Le royaume du cosmique

Bientôt la crête. On pourrait presque décoller, survoler les Alpes cristallines, franchir la vallée du Drac. C'est le royaume du cosmique dominant les grands panoramas de l'est. Belledonne, Taillefer, Oisans, Dévoluy et plus loin encore Vanoise ou Mont-Blanc deviennent des cousins. Mais le Vercors, citadelle du vertige tient une place à part. Sa roche mère a trop sculpté le paysage et très vite les blocs erratiques, qui ressemblent parfois à des bonhommes, donnent une dimension au paysage. Ici le calcaire règne en maître. Sapé par l'érosion, fracturé par les différences de température, rongé jusqu'au cœur par l'eau, il se dresse parfois avec fierté comme aux Trois Pucelles ; d'autres fois, il s'enfonce dans les entrailles de la terre sans que nous en ayions conscience, et souvent il griffe nos pieds et nos chaussures. Déjà une journée que nous vagabondons. Et les semelles de mes godasses résistent difficilement à ces petits cailloux abrasifs. Le haut plateau n'est plus très loin. Un tétras-lyre s'envole, effarouché par le martèlement de nos pas. Avec la tulipe sauvage, il constitue l'emblème du Parc naturel régional du Vercors.

Nous sommes seuls, perdus dans cette immensité de blocs et de vallons, de pins à crochets et de cabanes pastorales. A vrai dire, cette partie centrale n'attire que les véritables amoureux du massif. L'absence d'eau et de cabanes gardées y est pour beaucoup. L'eau est le grand problème de cette zone. Véritable gruyère, le précieux liquide s'infiltre en profondeur et rares sont les sources. Le randonneur a intérêt à faire des provisions et à jouer la cigale. Quant aux cabanes, elles sont un peu la honte du Vercors : des nids à rats, comme à la Jasse du Play. Il vaut mieux bivouaquer que ressortir de là complètement déprimé. Car le Vercors mérite mieux ; est-ce la saleté des randonneurs qui oublient régulièrement leurs détritus ou le désintérêt des pouvoirs publics pour ce secteur ? Mais en dix-huit ans d'intervalle, je n'ai pas beaucoup vu d'améliorations. Les rats nous narguaient avec toujours autant d'insouciance. Reste alors à planter sa tente ou comme nous l'avons fait, dormir à la belle étoile face à cette dérivée des étoiles qui nous entraîne entre Saturne et la Grande Ourse.

Mais déjà il faut repartir. Les campanules ont du mal à se secouer et la rosée a étendu son tapis. Nous remontons par une variante sur le Grand Veymont. Ici, les variantes sont légions. Le grand plateau permet toutes les facéties. Est ou ouest ? Les points cardinaux n'ont plus d'importance et seule la position du soleil permet de savoir où l'on est. Il faut encore traverser des lapiaz. Ces fractures du calcaire peuvent parfois être profondes de plusieurs dizaines de mètres. Il n'est pas rare qu'elles évoluent en scialets ou en boyaux, formant ainsi des véri-

Le tétras-lyre

Le petit coq de Bruyère est l'un des oiseaux de France les plus actifs à la saison des amours. Au printemps, généralement entre le 15 avril et le 15 juin, les mâles se rassemblent pour parader sur des emplacements déterminés. Espaces dégagés, clairières, grandes pelouses voient ainsi chaque année plusieurs coqs s'affronter pour le bonheur d'une dame. Le rituel est traditionnel. Ils arrivent bien avant l'aube, plus grands et plus lourds que les poules, revêtus d'une livrée noire, une caroncule turgescente surmontant leurs yeux et une queue blanche en forme de lyre. Une heure avant l'aurore, la parade débute. Un chuintement, une note brève suivie d'un souffle prolongé, quelques battements d'ailes au-dessus des places de chant marquent le début de la joute. Puis après les prémices, vient un chant d'amour, une sorte de glougloutement. Cela va durer des heures dans une sorte de ballet où les coqs vont accomplir mille fantaisies. Viendra ensuite le temps de la castagne où les prétendants se voleront dans les plumes, chacun défendant son territoire. Avec leur bec, ils peuvent s'infliger de sérieuses blessures, parfois mortelles. L'enjeu du combat et des chants ? Ce petit territoire, lieu d'amour et que les autres mâles ne transgresseront pas. La femelle n'aura plus qu'à faire son choix, elle louvoiera entre les places avant de s'accroupir devant un élu. Elle n'hésitera pas à renouveler l'expérience plusieurs fois avec d'autres prétendants. La parade du tétras-lyre est l'un des plus beaux spectacles de la nature. Il est le symbole même des hauts plateaux qu'il colonise depuis toujours. Et il se sent particulièrement à l'aise sur ces 17 000 hectares devenus en 1985 la plus grande réserve naturelle de France.

tables réseaux karstiques. Le Grand Veymont est un peu le moulin à vent de cette plaine d'altitude. Un dernier raidillon nous amène, le souffle plus court, sur le plus haut sommet du Vercors. Un faucon pèlerin s'en donne à cœur joie, il prend les ascendances sans même bouger les ailes. Nous voilà dans le seul endroit qui appartient délibérément à l'étage alpin du massif. Le vent, l'érosion et la rocaille ne laissent pas une seule prise pour la végétation. Mais que la vue est belle, et puis il y a un autre sommet emblématique à portée de regard maintenant : Le mont Aiguille. Pour en profiter encore plus et parce que notre autonomie nous permet toutes les facéties, ce soir nous dormirons dans les fleurs au pas de la Selle.

Le mont Aiguille, horloge céleste du plateau

La nuit fut paisible comme elle l'est souvent. Mais nous attendons fébrilement l'aurore. Lorsque le soleil émerge derrière Belledonne, c'est toute la montagne qui s'ébroue. Dans un seul mouvement, elle adopte l'or pâle. Les bouts de calcaires deviennent des citadelles dorées, les vallées sombres rehaussent le ton et même le renard qui rentre de sa chasse nocturne n'y trouve rien à redire. Les brumes opalescentes qui traînent reflètent cette lumière fragile. Le mont Aiguille semble avoir une place à part. Les gens du Trièves l'apparentent à une horloge céleste. Et c'est vrai qu'il rythme la vie de ces hauts plateaux et assure une transition nette et radicale entre le sud et le nord. C'est un peu un poste-frontière gardé par des chimères, des piliers, des gendarmes tout de pierres vêtus et qui surveillent les passages. C'est aussi un sommet phare pour l'histoire de l'alpinisme. 1492 pour les érudits, c'est Christophe Colomb et la découverte des Amériques. C'est aussi l'année de la conquête du mont Inaccessible, l'une des sept merveilles du Dauphiné. Le 27 juin exactement, Antoine de Ville, capitaine de Charles VIII, en réussit la première ascension à l'aide d'échelles et de cordes, grâce entre autre à l'efficacité de bergers basques. Une vaste prairie recouvre son sommet et c'est là qu'ils séjournèrent six jours. Au retour, cette troupe alimenta elle-même le mythe en racontant y avoir aperçu une foule de merveilles et de choses étranges. La légende de la mystérieuse montagne allait perdurer longtemps. Il fallut attendre ainsi presque 350 ans avant que des bergers de Chichilianne réitèrent l'exploit. Le mont Aiguille était lui rentré dans l'histoire en devenant, avant le mont Blanc, le sommet où était né l'alpinisme.

La lumière part maintenant presque à l'horizontale, et chaque recoin retrouve une forme, un nom. Les hauts plateaux s'éveillent, il est temps de reprendre le ruban des sommets. D'autant qu'une belle étape nous attend si nous voulons rejoindre Die dans la journée. Comme la pierre qui nous entoure, Châtillon-en-Diois qui marque la fin de ce voyage, est un beau village. Cela sent déjà la lavande et la vigne. Vallons, plateaux et parfois bouts de forêts vont nous y conduire. Pour cela, nous cheminerons par des sentes, au-dessus du cirque d'Archiane. Un bel endroit qui comme une sorte de golfe s'enfonce dans le massif. Entre le cap de la montagne de Glandasse et la pointe du Jardin du Roi, ces hautes parois qui culminent à 1 800 m semblent jeter un ultime défi. Partout, les falaises de calcaire gris, rose, ocre, déploient leurs festons sculptés par les éléments en dentelures, tours et aiguilles. Comme si cette citadelle imaginaire avait de tout temps soutenu le combat des huguenots qui firent de cette région un de leurs principaux bastions. Voilà la plaine et le bout de cette errance volontaire.

Au bout de ces quatre jours, difficile encore de cerner le Vercors. Mais ce nom qui claque sous la langue, qui semble influencé par tous les climats à la fois, qui accueille les plantes méditerranéennes et alpines, est sans doute le pays de la douce transition et des belles lumières. Je ne sais s'il faut le traverser comme nous au printemps, dans les chaleurs de l'été ou dans les solitudes de l'automne, mais ce qui est sûr c'est que ce territoire a sa propre identité, et qu'il vous imposera sa cadence, ses arrêts, comme si c'était la nature qui décidait de nos pérégrinations. Entre nous, elle a bien raison…

4 - TRAVERSÉE DU VERCORS, LA BELLE TRANSITION

Itinéraire

1er jour : Saint-Nizier (1 168 m) - le Moucherotte (1 906 m) - Villard-de-Lans (1 035 m)

Dénivelée : 850 m environ

Horaire : 6 à 7 h

Du village de Saint-Nizier atteint par les bus au départ de la gare de Grenoble, remonter en direction du tremplin Olympique de saut à ski qui domine Grenoble. On suit alors un large sentier qui part dans la forêt. A plusieurs reprises, on s'en vient passer sous les câbles de l'ancien téléphérique désaffecté. On suit alors les anciennes pistes de ski. Passer au-dessus du passage dit *de la Cheminée* avant de repartir par une longue traversée à flanc qui mène à l'aplomb d'anciens bâtiments. Une série de lacets conduit au sommet d'où l'on a un extraordinaire panorama sur l'ensemble des Alpes. Reprendre un très bon sentier vers le sud. Par une longue traversée, d'abord dans une zone dénudée puis à travers une forêt, on rejoint la clairière de la Sierre (1 388 m) d'où démarrent quelques téléskis. Venir longer la route de ce stade de neige, puis, au bout du premier grand lacet, repartir plein sud par une légère montée vers le collet du Furon (1 449 m). Juste avant celui-ci, on passe à l'auberge des Allières qui peut être une étape. Vers 1 438 m, laisser à gauche le sentier qui amène sur Les Blancs pour remonter vers l'est vers la source de Font Froide. Passer juste au-dessus, puis abandonner l'itinéraire qui part vers le col de l'Arc pour prendre un sentier à flanc qui domine Villard-de-Lans. Se diriger ainsi jusqu'au lieu-dit Les Côtes (1 486 m) et là, couper pour rattraper 200 m plus bas, un sentier qui passe par la Croix des Plâtres et conduit à Villard-de-Lans (1 035 m). Ravitaillement, Hébergement.

2e jour : Villard-de-Lans (1 035 m) - Jasse du Play (1 629 m) - Jasse de la Chaux (1 614 m)

Dénivelée : 600 m

Horaire : 5 à 6 h

Rejoindre en taxi ou en bus Corrençon (1 110 m) qui sera le véritable départ de notre randonnée et où l'on retrouve le GR 91. Prendre plein sud pour passer près du centre d'accueil des Grands Plateaux où l'on retrouve un bon chemin qui conduit en direction du Champ de Bataille (1 198 m). On chemine à travers une forêt d'épicéas qui successivement coupe la Croix de la Messe, la Porte Barnier avant de rejoindre Carette (1 355 m), un refuge-abri de 10 places. Le sentier repart un peu à l'ouest avant de reprendre au sud dans le bois de Carette pour venir rejoindre la prairie de Darbounouse (1 282 m). On rentre dans la zone

Du Vercors, la vue s'envole vers Belledonne ou l'Obiou.

Au col de l'Aupet, sous les rochers du Parquet ; une variante possible...

des grands plateaux et le sentier, à de nombreuses reprises, va venir se perdre dans les lapiaz, les éboulis. Bien repérer alors les cairns, visibles de loin et qui vous indiquent la direction à suivre. Repartir toujours au sud pour retrouver la forêt et accéder ainsi à la clairière du Pot du Play (1 381 m). Il existait un abri qui aujourd'hui est détruit. Repartir dans la même direction avant de tourner au sud-est au niveau d'un gros cairn pour se diriger vers les ruines de la cabane de Tiolache-d'en-Haut (1 592 m). On traverse ainsi le canyon des Erges avant d'aboutir en ce point, juste à l'aplomb des rochers du Ranc Traversier. Le sentier vient de nouveau se perdre dans des lapiaz, suivre les cairns pour accéder à un vallon. Rester à flanc, toujours direction sud/sud-est. On va traverser un vallon puis des pentes boisées avant de rejoindre un plateau. Au bord de celui-ci, on découvre un ravin que l'on descendra avant de retrouver le sentier central (balise jaune et rouge). Repartir au sud-est pour accéder à une clairière où se situe l'abri de la Jasse du Play (1 629 m - 10 places). Si vous êtes autonomes, nous vous conseillons de continuer à travers les lapiaz jusqu'à la Nouvelle Jasse de la Chau où vous pourrez bivouaquer et surtout où coule la fontaine de la Chau à environ 15 minutes de la clairière.

3e jour : Nouvelle Jasse de la Chau (1 614 m) - Grand Veymont (2 341 m) - abri des Chaumailloux (1 650 m)

Dénivelée : 850 m environ

Horaire : 6 à 7 h

Abandonner provisoirement le sentier principal pour tenter de rejoindre le sommet du Grand Veymont, point culminant du Vercors. Partir vers l'est en traversant une zone forestière avant de remonter à travers des éboulis en direction du pas de la Ville (1 925 m). De là, bifurquer plein sud par une sente plus ou moins marquée à travers des alpages clairsemés. Rester sur la ligne de crête et atteindre sans difficulté le sommet du Grand Veymont. Garder toujours la même direction en descendant toujours sur la ligne de crête avant de plonger dans une zone d'éboulis (le sentier n'est pas toujours bien marqué) vers le pas de Chattons (1 827 m). En quelques minutes, on rejoint alors la cabane des Aiguillettes, puis le pas des Bachassons et la fontaine du même nom (1 913 m). On atteint alors la plaine de la Queyrie et une ancienne carrière gallo-romaine. Au niveau d'un arbre taillé, laisser à main droite le sentier principal pour repartir en direction de

La montagne de Glandasse, au cœur des hauts plateaux.

Traversée du Vercors

première partie :
Vercors Nord (les Quatre Montagnes)

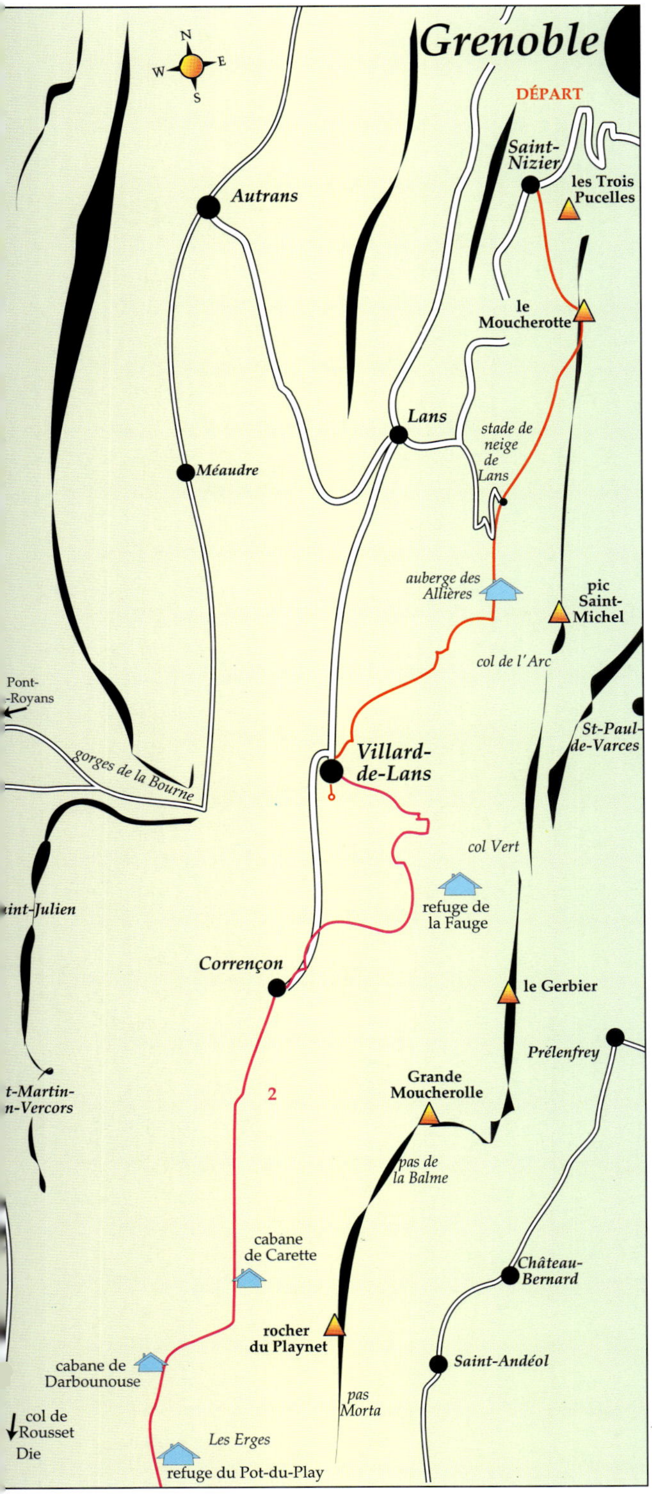

deuxième partie :
Vercors Sud (les hauts plateaux)

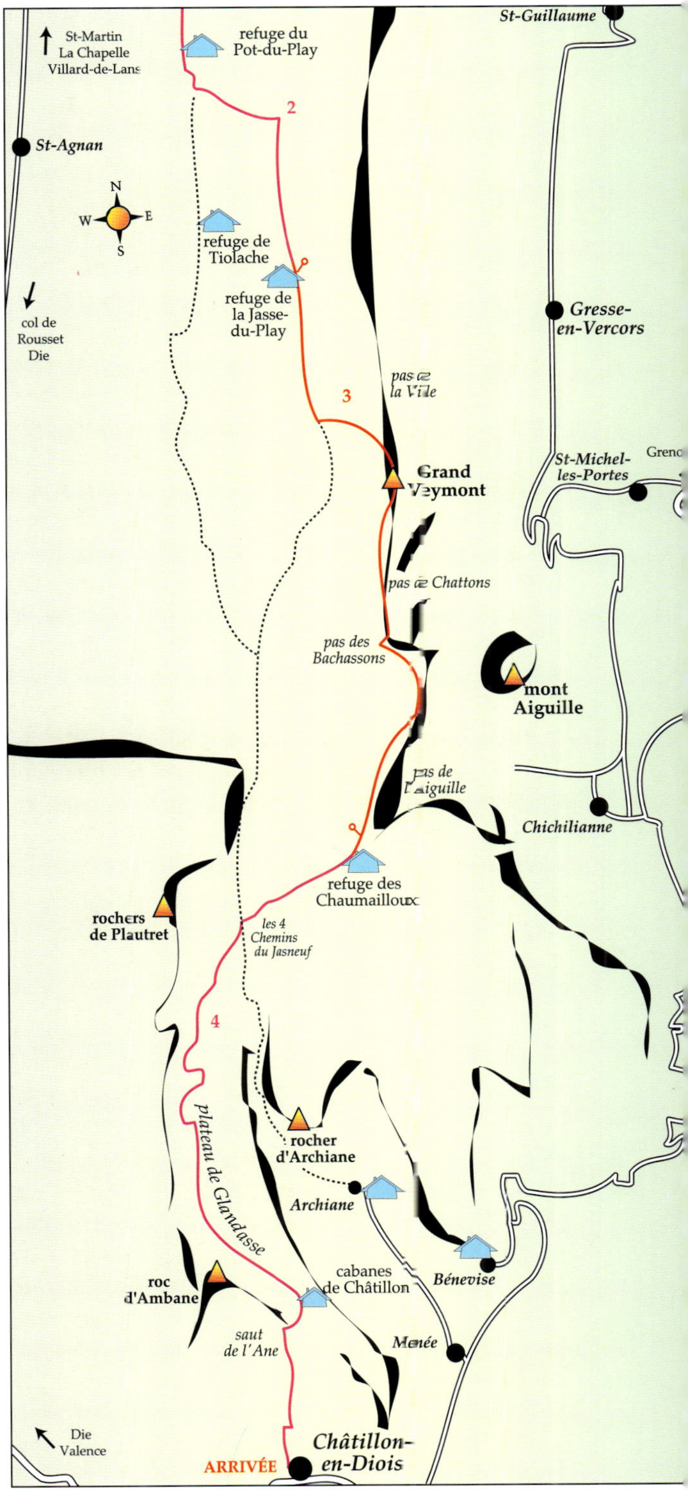

la Jasse de Peyre Rouge. Par une succession de vallons et de courtes montées, on rejoint l'abri des Chaumailloux situé juste à la sortie du pas de l'Aiguille (refuge non gardé de 20 places).

A noter que l'on peut aussi rejoindre, hors sentier, depuis la fontaine des Bachassons le pas de la Selle puis venir longer la crête qui domine les rochers du Parquet. Au printemps, de nombreuses espèces de fleurs poussent sur ces gazons. Vue saisissante sur le mont Aiguille.

4e étape : refuge des Chaumailloux (1 648 m) - cabane de Châtillon (1 758 m) - Châtillon-en-Diois (570 m)

Horaire : 7 à 8 h

Du refuge, partir vers l'ouest puis le sud-ouest vers Jasneuf (1 627 m) par un sentier qui chemine à travers une zone de plateaux et de vallons. On rejoint ainsi le carrefour des Quatre-Chemins situé à coté d'une petite mare. Repartir plein sud sur quelques centaines de mètres avant de retrouver une bifurcation où se séparent le GR 91 et le GR 93. Celui-ci à main droite descend sur Archiane. On l'abandonne donc pour suivre sur la gauche le GR 91 qui se dirige vers le Jas de la Ville qu'on laissera sur la droite. Par un sentier qui n'est balisé que par des cairns, on rejoint alors une crête assez raide que l'on remonte en direction du roc de Peyrole. Au point 1 894, on abandonne cette ligne de crête pour traverser vers une ruine. On s'en vient alors contourner une petite dépression puis un gouffre. Par une traversée presque à flanc, on rejoint alors la cabane de Laval d'Aix (1 896 m). En se dirigeant toujours au sud, passer devant un gros cairn avant de tomber sur les ruines de Malcollet. On change temporairement de direction en prenant à l'est avant de revenir au sud-est, juste sous le Pié Ferré. Le sentier évolue à travers des pelouses et des bosquets de pins en suivant une belle combe. Traverser un taillis de pins avant de rejoindre un vaste alpage où se situe l'abri de Châtillon (1 758 m) non gardé, 10 places. On y trouve aussi une cabane de bergers. Traverser le grand replat herbeux qui suit en passant à proximité du gouffre du Grand Assiriau entre deux lignes de pierres. Puis, par une traversée à flanc, s'éloigner de la bordure herbeuse du plateau pour s'engager dans une série de lacets raides dans des éboulis qui conduisent dans la forêt. Traverser à un moment la piste forestière pour s'engager dans la Serre des Granges avant de rejoindre Châtillon-en-Diois, arrivée de ce circuit.

de Chattons, juste sous le Grand Veymont..

PRATIQUE

Généralités

Cette traversée du Vercors qui longe souvent le GR 91 en se permettant quelques variantes permet de découvrir en 4 jours l'un des plus beaux calcaires de France. En montant au Grand Veymont, on y ajoutera un panorama sur la bordure orientale du massif et sur le mont Aiguille qui est un peu excentré. Cette randonnée ne présente pas de difficulté technique. Toutefois, il est nécessaire de bien savoir lire une carte et même de connaître l'utilisation d'une boussole. En effet, par brouillard sur un sentier ou des pistes qui viennent se perdre dans des éboulis, il est parfois difficile de se repérer. Se méfier aussi des lapiaz et des gouffres dont il ne faut pas trop s'approcher par mauvaise visibilité. La rareté des points d'eau nécessite aussi une lecture parfaite des cartes et les 1/25 000e sont ici plus que nécessaires.

Accès

Cette traversée conduit d'un bout à l'autre du Vercors, d'un département (l'Isère) à un autre (la Drôme). Il semble plus judicieux de partir de la gare de Grenoble en empruntant les transports en commun pour rejoindre Saint-Nizier puis de revenir par Die et les chemins de fer qui vous ramèneront à votre point de départ.

Bibliographie

Le topo-guide de la FFRP vous permettra de découvrir les itinéraires dans les moindres détails : *Hauts Plateaux du Vercors, GR 9. GR Pays.*

Le guide du Vercors, Maguy Dupont, éditions de la Manufacture

Vercors d'en haut, Daniel Pennac, éditions Milan

Cartographie

Pour une vision générale du circuit, carte Didier Richard au 1/50 000e n° 12 Vercors,

Cartes IGN au 1/25000e n° 3235 OT Autrans/Gorges de la Bourne/Parc Régional du Vercors n° 3236 OT Villard-de-Lans/Mont Aiguille/Parc Régional du Vercors n° 3237 OT Glandasse/Col de Lus La Croix-Haute/ Parc Régional du Vercors

Matériel

Pour être tranquille, il faut effectuer la traversée du Vercors en parfaite autonomie. Deux gourdes d'eau ne sont pas de trop. Le duvet est indispensable et sincèrement nous vous conseillons d'emporter une petite tente pour passer des nuits tranquilles. Une boussole peut être aussi utile en cas de brouillard.

Pour le reste, équipement habituel du randonneur.

Numéros utiles

Météo : - Grenoble : 08 36 68 02 38
- Valence : 08 36 68 02 26

Secours en montagne

- Isère : 04.76.69.48.48 (PGHM)
04.76.49.91.37 (CRS)

Renseignements

Comité Départemental du Tourisme de l'Isère, tél : 04.76.54.34.35

CIMES (SVP Montagne), tél : 04.76.54.34.36

Parc Naturel du Vercors, Lans-en-Vercors, tél : 04.76.95.40.33

Association Développement Touristique Vercors Quatre Montagnes, tél : 04.76.95.15.99

Accompagnateurs de moyenne montagne du Vercors, tél : 04.76.95.23.55

Saison

Il vaut mieux éviter les grosses chaleurs de l'été pour traverser la zone des plateaux. Mai et juin sont des mois propices, l'eau est encore assez abondante, mais attention aux névés persistants si on a décidé de descendre ou de monter par un pas.

Septembre et octobre peuvent aussi être très agréables, mais les sources peuvent être taries.

A vous de choisir...

Hébergements

Villard-de-Lans, de nombreux hébergements, Office du Tourisme, tél : 04.76.95.10.38

Corrençon-en-Vercors, divers types d'hébergements, office du Tourisme, tél : 04.76.95.81.75

Gîte d'étape des Allières, 30 places, tél : 04.76.95.90.90

Châtillon-en-Diois, gîte d'étape, tél : 04.75.21.13.49

Circaète.

VANOISE
LE TOUR DE LA GRANDE CASSE

Cheminant entre GR 5 et GR 55, au pied du sommet le plus emblématique de la Vanoise, le tour de la Grande Casse bat au cœur de cette nature qui, en 1963, a trouvé là son premier sanctuaire.

Je voudrais connaître un ciel, une terre intacts. Je n'aimerais pas qu'un demi-dieu eût pris les plus belles étoiles. Cette belle citation d'Henri-David Thoreau pourrait s'appliquer aux parcs nationaux et tout particulièrement à la Vanoise, le pionnier. Car en 1963, il fallait être fou ou inconscient pour miser sur la saxifrage, la gentiane pourpre, la grenouille rousse ou même le bouquetin. Comment concevoir que ce massif puisse battre la chamade et s'enticher de cette chèvre d'altitude, au point d'en faire son emblème ? Un emblème si populaire qu'aujourd'hui plus de 700 000 randonneurs se retrouvent chaque été en Vanoise, souvent avec l'espoir de rencontrer ce bel animal.

Au lac du Lait, face aux dômes de la Vanoise.

La Vanoise, premier parc national français

Il fallait être visionnaire pour aller à l'encontre de ces projets d'aménagement qui faisaient la part belle à l'or blanc. Car ce massif avait de quoi attirer les aménageurs de tout poil. Subtil mariage entre haute montagne et alpages, paradis pour randonneurs, royaume des combes et des vallons, des chemins et des crêtes, c'était aussi le pays des belles pentes, terriblement tentantes alors que les sports d'hiver explosaient en tous sens. Avec sa centaine de 3000, ses deux grandes vallées, l'Arc au sud (la Maurienne sèche et presque méridionale) et l'Isère au nord (qui traverse la Tarentaise plus froide), ce parc de 53 000 hectares, officiellement créé en 1963 mais inauguré réellement en 65, devenait un sanctuaire à deux pas des plus grandes stations de ski.

Dès 1955, Gilbert André, futur maire de Bonneval écrivait : *"Si vraiment la nature est à l'homme ce que les racines sont à la plante, saurons-nous rester indifférents au spectacle du monde qui, chaque jour davantage, sépare l'homme de ses racines et de sa source ? Aussi, notre intention en voulant créer le Parc national est-elle essentiellement de rendre au citadin étiolé des racines dont il se détache dangereusement"*. Un sanctuaire, il en fallait un pour notre bouquetin, dont la population exsangue ne dépassait pas les soixante individus. Soixante rescapés qui, au contraire de leurs cousins du Grand Paradis ne disposaient pas d'un havre de paix loin des fusils et des chasseurs.

Alors, faut-il l'avouer, la faune et la flore ont été nos alibis pour errer sur ces hautes terres, cheminer au-dessus des vallées noyées dans la brume, apercevoir dans l'échancrure d'un col le mont Blanc, approcher à pas feutrés un vieux mâle. Nous savions d'instinct que nos sens et nos enthousiasmes seraient récompensés. La Vanoise est une synthèse de la montagne, celle où se côtoient avec sérénité haute montagne, alpages, fleurs, villages, hommes et animaux. Au tout début pourtant, la Vanoise se rapportait à une région précise, exactement à cette calotte glaciaire qui se développe entre col de la Vanoise et col d'Aussois. Roger Frison-Roche dit : *"qu'elle porte ses neiges pérennes couturées de crevasses, morcelées comme un "pack" de l'Arctique, très souvent brillante de tous ses cristaux, au-dessus de la mer de nuages recouvrant le bas pays"*. Par extrapolation, tous les scientifiques qui se sont intéressés à cette

Le bouquetin, emblème de la Vanoise

Présent en de nombreux endroits du parc, il en est l'emblème. Presque en voie d'extinction en France au début du siècle (alors que dès 1922, les Italiens créent le Parc National du Grand Paradis d'où sont issus tous les bouquetins des Alpes), on n'en comptait plus que soixante en Vanoise en 1960. Aujourd'hui, ils sont plus de 1350, la moitié du cheptel français. De son vrai nom *Capra Ibex Ibex,* cette chèvre des montagnes, dont certains mâles dépassent allègrement les 100 kg, se nourrit d'herbe et de végétaux (elle peut avaler 20 kg d'herbe par jour !). Le bouquetin vit dans les pentes rocheuses escarpées et les pelouses d'altitude, à la limite supérieure de la forêt. Grâce à ses sabots tendres, et un sens de l'équilibre incroyable, il est devenu un rochassier hors pair, donnant même le vertige aux alpinistes. La saison des amours se déroule fin novembre, tandis que les étagnes mettent bas en juin dans des zones difficiles d'accès. Assez sociables, ces animaux vivent souvent en groupe dont certains peuvent compter plusieurs dizaines d'individus. Ils peuvent vivre jusqu'à 20 ans, si la nature leur en laisse le temps.

La Vanoise est aujourd'hui un vivier pour tous les parcs nationaux et régionaux, et tous les bouquetins réintroduits dans les Ecrins, le Vercors, le Mercantour et le Queyras viennent de la Maurienne.

région ont donné ce nom à l'ensemble du massif interne coincé entre les vallées de l'Arc et de l'Isère. La dent Parrachée, le Grand Bec de Bellecôte, la Sassière, le mont Pourri comme la Grande Casse se sont retrouvés au cœur de cet édifice. La Grande Casse tient justement une place particulière dans notre histoire. Elle est d'abord la plus belle et la plus haute montagne de ce massif. La plus forte aussi avec ses histoires d'hommes accrochés à ses parois et qui ont ciselé une légende à sa hauteur : Michel Croz le Chamoniard, associé à Matthews et qui taillera plus de 1100 marches avant de venir à bout de cette grande montagne encore vierge, les Italiens Binaghi et Bonacossa accrochés dans les grands vides de la face Nord, ou le curé de Tignes – l'abbé Pellicier – jouant les acrobates sur les arêtes de la traversée.

C'est elle ensuite qui nous servira de repère tout au long de notre circuit. Et comme il nous faut un départ et une arrivée, nous partirons de Val d'Isère pour accomplir une boucle autour de ce sommet prestigieux avant de revenir par Tignes. Tout un symbole pour ce circuit qui va nous éloigner des câbles électriques, des remontées mécaniques, des stations pour replonger dans une nature intacte et préservée. Dès les premiers mètres de montée

Au Plan du Lac, le versant sud de la Grande Casse se découvre.

Sous la pointe de Méan Martin.

sur le refuge du Fond-des-Fours, le ton est donné. Des plantations de renoncules détonnent dans le vert des pelouses alpines. Sur toutes les croupes, c'est une explosion de couleurs et la montée au refuge devient un ravissement. D'autant que celui du Fond-des-Fours, construit par le Parc, s'intègre parfaitement au décor. Ce sont en fait des chalets scandinaves, disséminés en trois bâtisses qui se complètent, qui se fondent dans le site. Comme les dix-huit autres construits dans le parc et que vous retrouverez au long de votre périple. Bien que nous soyons relativement matinaux, nous sommes tout de suite dans le ton. Une nichée de marmottons jouent à quelques encablures du dortoir. Lentement, je m'assois et peu à peu ces petits animaux m'adoptent jusqu'à ne plus me remarquer. Agés de quelques semaines, ils jouent, se bousculent, se chamaillent, se coursent comme tous les enfants du monde. La Vanoise est fidèle à sa réputation, un lieu idéal pour la découverte en famille. Accessibles à tous, les vallées et montagnes de ce haut pays proposent à l'infini des leçons de géographie, d'histoire, de sciences naturelles, un éveil à la vie.

Les courbes de niveau deviennent au fil des jours nos vagues et nos tempêtes

Puis nous avons plongé sur la Femma et Entre-Deux-Eaux. Les courbes de niveau deviennent au fur et à mesure des jours nos vagues et nos tempêtes. Selon leurs raideurs, notre humeur, notre forme physique, elles modèrent ou freinent notre progression. Une nuit au Plan du Lac et nous reprenons le chemin, direction le refuge de l'Arpont, alors que l'aurore calfeutre les derniers espaces étoilés. Avant de bifurquer, un coup d'œil sur la face Sud de la Grande Casse qui semble évanescente dans le vallon de la Leisse. Timidement, elle accroche un rayon de soleil. Personnellement, j'aime marcher aux frémissements, lorsque la terre, la nature se secoue d'une léthargie toute temporaire. C'est généralement le moment des rencontres, des étonnements et des surprises.

Soudain, au détour d'un lacet, nous tombons nez à nez avec un groupe de bouquetins qui paressent face à ce levant. Lentement, nous avançons vers eux. Indolents, paisibles, presque somnolents, ils se laissent approcher. Curieusement, une de leur patte avant reste repliée, tandis

Sous le col du Palet.

Cascade de la Fraiche à Pralognan.

que l'autre est tendue. Un mètre de trop, et avec une rapidité étonnante, un vieux mâle qui avoisine les 100 kg se redresse. Il chuinte à travers ses naseaux et nous fixe avec ses yeux auréolés de rouge. On sent son odeur forte, mélange d'efforts et de crainte. D'un seul bond, il rejoint un rocher perché et le reste de la troupe lui emboîte le pas. Il nous dicte sa loi, la limite à ne pas dépasser, et comme si rien ne s'était passé, il reprend déjà la pose. C'est cette tolérance qui étonne et émerveille. Nous n'essaierons pas de l'outrepasser ; cette rencontre suffit à notre bonheur, d'autant que, dès que le soleil sera levé et la masse des randonneurs avec, les bouquetins s'éloigneront du GR et iront se réfugier sous le mont Pelve.

A l'aplomb des dômes de Chasseforêt, de l'Arpont ou de la dent Parrachée, nous traversons sur un balcon. Maintenant, nous sommes sur le GR 5, un itinéraire célèbre qui traverse l'intégralité des Alpes. A rebrousse-poil, il nous faut passer par des étapes incontournables, le col d'Aussois qui offre un panorama saisissant, Pralognan, la petite capitale de la Vanoise, Champagny et sa missive au général de Gaulle.

Le col d'Aussois d'abord, un beau plateau face à Péclet-Polset, à côté des Dômes et avec vue sur le massif du Mont-Blanc. Un passage des Alpes par où se sont toujours écoulés les hommes et les idées, de Tarentaise en Maurienne ou dans l'autre sens.

La requête de Champagny, pathétique

Pralognan ensuite. Pendant longtemps, ce site n'a été qu'une zone pastorale, occupée à la belle saison par les bergers et leurs troupeaux. C'était aussi une étape sur la route des contrebandiers du sel de Moûtiers et des fromages du Beaufortain. Ces montagnards franchissaient les cols de la Vanoise pour rejoindre la Maurienne et le Piémont encore plus loin. Pralognan n'a été réellement habité qu'au douzième siècle par des chanoines qui enfin firent de ces "Prés Eloignés" un lieu occupé en permanence. Aujourd'hui c'est l'une des capitales du ski français puisqu'à chaque génération, un Vion ou un Amiez monopolisent les places d'honneur.

Champagny se trouve juste sur l'autre versant. Nous y ferons étape deux jours plus tard. Entre les deux, une face Ouest de la Grande Casse qui se veut la gardienne de la tradition alpine. Mais reposons-nous à Champagny. Voici notre leçon d'histoire et de géographie, en un seul cours. Géographie avec cette commune s'étalant autour de Champagny-le-Bas sur des coteaux ensoleillés et se resserrant après les gorges de la Pontille autour de Champagny-le-Haut, une vallée en auge qui est le point de transition de notre périple. Les habitants d'en haut sont célèbres pour la supplique écrite en septembre 1960 et adressée au général de Gaulle qui leur permit de préserver leur territoire de chasse. Naïfs et astucieux, ils surent convaincre le grand homme : "*Mon général. Nous sommes les habitants d'un petit village de Savoie, Champagny-le-Haut, perdu dans la montagne à 1 500 mètres d'altitude. Il paraît que va se constituer dans la région un parc national immense. Une partie de la commune (...) va être prise dans ce parc, nous privant un jour de pouvoir y faire paître nos troupeaux de vaches et de chèvres, qui sont notre seule ressource (...). Il y a aussi la chasse. Nos fils aiment la chasse, car c'est leur seule distraction possible dans notre petit pays du bout du monde. Que leur restera-t-il, eux qui ont déjà la vie si dure ? Aller s'enivrer au cabaret ? Beau résultat social ! (...) Nous ne sommes pas contre le principe de la création du parc national, même si cela intéresse seulement quelques-uns. Nous demandons seulement une petite rectification des limites prévues afin de pouvoir vivre (...). Il y a cent ans, nos grands-pères et nos pères ont voté avec joie et fierté leur rattachement à la France. Et voilà que cette France, pour une amusette qui n'est pas du tout d'intérêt public (...), va nous priver de nos moyens d'existence immémoriaux que personne n'a touchés avant elle, pas même l'Italie. Vous ne pouvez laisser faire ça, mon général ! (...)*". On voit l'évolution de ce parc autrefois honni, au mieux regardé avec méfiance et qui maintenant est complètement rentré dans les mœurs. Au fur et à mesure de notre progression, nous avons réalisé qu'il était enraciné dans ces vallons et ces sommets, et que le plus bel hommage que l'on pût lui faire était de le parcourir à skis ou à pied. Un hommage qui aurait fait plaisir à l'un de ses plus ardents défenseurs, Samivel, qui en écrivit la célèbre charte, énoncée depuis sur de multiples panneaux. Samivel, l'amoureux des montagnes, qui situait sur ces contreforts *"le royaume des aurores intactes et des bêtes naïves"*. Une belle définition pour résumer ce bel espace de liberté et de beauté.

Itinéraire

Il peut être modulé autour de vos centres d'intérêt et du rythme de votre progression. Par exemple, il est possible, au cours de la première journée de déplacement, de monter directement au refuge du Fond-des-Fours pour conclure et ensuite d'enchaîner le circuit.

1er jour : Val d'Isère (Le Manchet - 1 957 m) - refuge du Fond-des-Fours (2 537 m) - col de la Rocheure (2 911 m) - refuge de la Femma (2 346 m)

Dénivelée : 1 000 m environ

Horaire : 4 à 6 h

Du parking, partir à gauche par un sentier horizontal qui passe sous une école d'escalade. Rester rive gauche du ruisseau du Cugnaï et atteindre sans difficulté le point 2 303 m, juste au-dessus du chalet des Fours. Une montée un peu raide sous la pointe de l'Arselle conduit à un verrou où se situe le refuge (nombreuses marmottes autour du refuge) ; compter 1 h 30 à 2 h jusqu'à ce point. De là, passer un petit collet qui permet de basculer sur le grand plateau au pied de la pointe de Méan Martin. Présence d'un névé persistant assez tard en saison. Le sentier est peu marqué, suivre alors une suite de cairns qui conduisent sur une ligne de crêtes et, par une traversée plein ouest, à l'aplomb d'une série de petits lacs, rejoindre le col. Descendre alors vers le lac de la Rocheure, situé à quelques encablures du col, puis, par un pierrier sud dans lequel chemine un sentier mieux marqué, descendre à droite des Roches Blanches et, par une série de lacets au-dessus du ruisseau du même nom, atteindre le fond de vallon. En bifurquant plein ouest, on rejoint alors le refuge.

2e jour : refuge de la Femma (2 346 m) - pont de la Renaudière (2 053 m) - refuge de l'Arpont (2 309 m)

Dénivelée : 500 m environ

Horaire : 4 à 6 h

Commencer par suivre le fond du vallon de la Rocheure. Le sentier rejoint alors le chalet de la Rocheure (2 224 m) qui marque la fin de la route et qui est desservie l'été par une navette venant de Termignon. Suivre alors cette route qui passe par la chapelle Saint-Jacques (2 200 m). Au point 2 174 m, on peut, si on veut, profiter d'un panorama plus étendu, remonter légèrement vers la chapelle Saint-Barthélémy et le refuge du Plan-du-Lac. Sinon, prendre le chemin à droite pour rejoindre le pont de la Renaudière. On retrouve alors le GR 5. Suivre alors le torrent de la Rocheure, rive gauche. Passer le torrent de Leisse puis les chalets de l'Ile et remonter des pentes raides à l'aplomb du mont de la

Para. Passer près des lacs des Lozières (2 419 m) au pied d'une énorme moraine. La franchir pour accéder au plateau du Pelve, traverser le ruisseau de Miribel (2 522 m) puis longer les gorges du Doron de Termignon. Et par ce sentier balcon, rejoindre le refuge de l'Arpont.

3e étape : refuge de l'Arpont (2 309 m) - chalets de la Turra (2 306 m) - refuge de la Dent-Parrachée (2 511 m)

Dénivelée : 850 m environ

Horaire : 6 à 8 h

Passer à la chapelle Saint-Laurent ; le sentier reste à flanc et arrive aux chalets de Mont. Laisser à gauche le sentier qui descend sur Termignon et traverser la combe d'Enfer, rive gauche du torrent du Grand Pyx, puis le traverser sur un petit pont. Franchir un petit ressaut et descendre sur les chalets de Montafia (2 152 m). Toujours à flanc, traverser encore en direction des chalets de Ferrière. Remonter dans des alpages en direction du pilier Est de la dent Parrachée (environ 2 400 m). Continuer horizontalement, franchir une combe ravinée pour accéder aux chalets de la Loza (2 327 m). Continuer en pente douce, passer sous le roc des Corneilles et rejoindre par une succession de lacets les chalets de Turra (2 360 m). Prendre au sud-ouest en direction des lacs de Plan-d'Aval et Plan-d'Amont. Juste avant le télésiège du Djoin, opter pour le sentier à droite qui conduit au refuge de Plan-Sec. Repartir au nord, se diriger vers le chalet de la Randolière, traverser le ruisseau de la Fournache.

De là, on peut soit remonter de 180 mètres vers le refuge de la Dent-Parrachée, un peu excentré et plus tranquille, d'où l'on rejoint l'itinéraire qui monte sur le col d'Aussois.

Soit continuer en prenant vers l'ouest pour rejoindre un plateau où se situe la chapelle Notre-Dame-des-Anges et le refuge du Fond d'Aussois (2 324 m).

4e étape : refuge de la Dent-Parrachée (2 511 m - col d'Aussois (2 916 m) - Pralognan (1 418 m)

Dénivelée : 800 m

Horaire : 5 à 6 h.

On peut soit redescendre tout droit en direction de la Sétéria pour retrouver le tracé du sentier qui passe au refuge du Fond d'Aussois, soit partir plein sud derrière le chalet des gardes pour retrouver un itinéraire moyennement balisé (cairns) qui conduit sur une zone de moraines en direction du Plan de la Gorma (2 790 m). Laisser à droite l'itinéraire qui va vers le col de Labby et partir à flanc sur une sente sauvage et sans difficulté. On passe sous la pointe de Chevrière et au Plan du Chardonneret avant de redescendre au pied d'un éperon

où l'on retrouve le sentier principal. De là, monter par un sentier raide qui louvoie entre des petites barres rocheuses au pied de la cime des Planettes. Après une succession de lacets, le sentier part au nord et on rejoint la croix blanche (visible du bas) qui marque le col d'Aussois (2 916 m). Présence de bouquetins généralement autour du col.

Face Nord de la Grande Casse depuis le col du Palet.

S'engager dans une combe un peu raide qui redescend à l'aplomb de la pointe de l'Observatoire et la pointe de Rosoire. Vers 2 397 m, on rejoint le ruisseau du même nom pour bifurquer vers l'ouest et, par des alpages, rejoindre le Ritort à 1 971 m. On tombe alors sur le GR 55 qui par un chemin large et facile conduit à Pralognan.

5e étape : Pralognan (1 418 m) - refuge du Grand Bec (2 405 m) - Champagny-le-Haut (1 470 m)

Dénivelée : 1 000 m environ

Horaire : 6 à 7 h

On peut, pour apprécier cette étape, partir en empruntant le petit téléphérique qui conduit au mont

Bochor (sinon compter deux heures supplémentaires en passant par le sentier des Pariettes et 600 mètres de dénivelée). Du point situé à 2 033 m, suivre le sentier des cols de Leschaux et du Rosset (pancarte). Longer ainsi le télésiège du Bochor, en poussant sur la crête (belle vue sur la face Sud-Ouest de la Grande Casse qui est aussi la voie normale) avant de bifurquer à gauche vers le col de Leschaux (2 564 m), franchir alors des barres rocheuses par des passages faciles mais aériens (attention au début de saison : risque de névés). Au col, contourner à l'est la pointe de Leschaux puis remonter un peu à travers les pentes du cirque du Grand Bec avant de descendre d'une centaine de mètres sur le refuge du Grand Bec (2 405 m). De là, descendre sur Plan Fournier (1 723 m) par de nombreux lacets. Remonter par de nouveaux lacets sur la tour du Merle (1 962 m) qui offre une belle vue sur la vallée de Bozel. Descendre alors sur les Enclos du Seil (1 680 m). En restant toujours sur le sentier principal, on rejoint par des chemins forestiers la chapelle de Notre-Dame-de-la-Compassion et le Doron que l'on traverse sur une belle passerelle avant de rejoindre Champagny-le-Haut.

A noter que si l'itinéraire par le refuge du Grand Bec est trop enneigé, on peut passer (surtout avec des enfants) par le mont Chevrier

6e étape : Champagny-le-Haut (1 470 m) - col du Palet (2 652 m) - Tignes (2 093 m)

Dénivelée : 1 200 m

Horaire : 6 à 7 h

De Champagny-le-Haut, remonter le long de la route en direction de Laisonnay-d'en-Haut. A la sortie du hameau, prendre le bon sentier qui part à flanc vers les Caves de la Plagne. Sous la crête des Echines, on s'élève par une série de lacets larges avant de rejoindre un plateau où se situe le Grand Chalet, face à la pointe de la Grande Glière et l'aiguille de l'Epena.

Continuer toujours à flanc pour rejoindre les Caves de la Plagne (2 030 m) et, au-dessus, la petite chapelle. De là, partir sur la droite pour rejoindre une longue moraine facile et aérienne au chalet des Gardes (2 289 m). Juste après celui-ci, laisser à main droite le sentier qui conduit au col de la Grassaz pour, toujours en montant légèrement, passer au lac du Grand Plan (2 480 m).

On se dirige alors vers le col du Palet (belle vue sur le versant nord glaciaire de la Grande Casse). On rejoint à cet endroit le GR 5 qui, en descendant sur les chalets de Lognan (2 333 m), ramène sans réelles difficulté sur Tignes.

Le col d'Aussois, grand passage entre Maurienne et Tarentaise.

PRATIQUE

Généralités
L'itinéraire qui suit, et qui recoupe de temps à autre ces deux grands GR que sont le GR 5 (Grande Traversée des Alpes) et le GR 55, se déroule pour son intégralité au cœur de la Vanoise entre Tarentaise et Maurienne. C'est un parcours relativement facile qui comporte de nombreuses variantes et qui se déroule pour une bonne part sur d'excellents sentiers ou sur des zones d'alpage. En pleine saison, il est donc à la portée d'un maximum de randonneurs qui peuvent morceler les étapes, s'ils désirent encore en atténuer l'effort et apprécier le paysage. C'est sans doute aussi celui qui propose aux marcheurs le plus de rencontres avec une faune et une flore particulièrement présentes tout au long du parcours. On peut donc le conseiller à des enfants déjà aguerris et qui veulent encore plus découvrir la moyenne montagne.

Accès
Ce parcours offre l'avantage d'être pratiquement une boucle avec retour près du point de départ. Ce qui peut être assez commode pour la récupération d'une voiture par exemple.
A la sortie de l'autoroute Chambéry-Albertville, se diriger par la voie express jusqu'à Moûtiers avant de s'engager sur la Départementale 85 en direction de Bourg Saint-Maurice. De là, remonter sur Tignes et Val d'Isère. Au cœur de cette station, quitter la route de l'Iseran en bifurquant à droite vers le Châtelard. Le départ de la randonnée se situe au fond du vallon du Manchet (parking). Gare SNCF à Bourg Saint-Maurice (direct depuis Paris) puis navette pour ceux qui veulent venir en train.

Saison
Cette randonnée s'effectue habituellement de la mi-juin à fin septembre. En début de saison, on peut trouver encore de nombreux névés qui peuvent être gênants en certains endroits.

Bibliographie
- L'incontournable topo-guide de la FFRP, *La Vanoise GR5-55* qui présente en détails les multiples possibilités de ce secteur.
- *Les cols du Parc de la Vanoise*, Pascal Urard, éditions Glénat.
- *La Vanoise, Parc National,* Roger Frison-Roche, Pierre Tairraz, éditions Arthaud.
- *Vanoise, Le Parc National,* collectif, édité par le Parc.

Asters

Cartographie
- Pour une vue générale de l'itinéraire, Vanoise massif et Parc National, 1/50 000e chez Didier Richard, n° 11
- Cartes IGN au 1/25 000e, n° 3532 ET Les Arcs/La Plagne, Parc National de la Vanoise
n° 3534 OT Les Trois Vallées/Modane
n° 3633 ET Tignes/Val d'Isère/Haute Maurienne

Numéros utiles
Secours en montagne :
P.G.M de Bourg Saint-Maurice, tél. : 04.79.07.04.25
P.G.M Modane, tél. : 04.79.05.11.88
C.R.S Pralognan, tél. : 04.79.08.71.15
Météo
Bulletin sur 5 jours, tél. : 08.36.68.02.73

Refuges
Ils permettent d'élaborer le tracé en fonction de votre rythme. Pour les deux stations qui servent d'étape, nous vous renvoyons sur les offices du tourisme car les possibilités d'hébergements sont multiples.
Fond-des-Fours (2 537 m), tél. : 04.79.06.16.90
La Femma (2 352 m), tél. : 04.79.20.33.00
Entre-Deux-Eaux (2 100 m), tél. : 04.79.20.50.24
Plan-du-Lac (2 264 m), tél. : 04.79.20.50.85
L'Arpont (2 309 m), tél. : 04.79.2051.51
Plan-Sec (2 350 m), tél. : 04.79.08.71.49
Dent-Parrachée (2 511 m), tél. : 04.79.20.32.87
Fond d'Aussois (2 324 m), tél. : 04.79.20.39.83
Grand Bec (2 405 m), tél. : 04.79.08.71.49
Col du Palet (2 .650 m), tél. : 04.79.07.91.47

Offices du tourisme :
Champagny, tél. : 04.79 55.06.55
Pralognan, tél. : 04.79.08.79.68

MASSIFS VOLCANIQUES D'AUVERGNE
DES ÎLES DANS LA MONTAGNE

Par temps de brume, on dirait des îles. Seuls leurs dômes apparaissent au-dessus du brouillard. Mais ces volcans autrefois impétueux, assagis depuis, ont bien façonné un paysage à leur image. Les traverser, c'est aller au-devant d'une belle leçon de choses.

Prendre le sac à dos et remonter vers les volcans. Suivre à pas de fourmis ces géants endormis qui somnolent dans les temps géologiques, cela paraissait être une belle idée. Du puy de Dôme en passant par le Sancy ou le Cantal, nous aurions ainsi l'occasion de découvrir cette centaine de vieux titans qui forment le cœur de la France. Mais au fait, sont-ils aussi nombreux qu'on le prétend ? Il y a trois siècles, les Auvergnats ne savaient même pas qu'ils avaient des volcans au-dessus de leurs têtes. Au XVIIIe siècle, ils en recensaient 40 ; on a longtemps avancé le chiffre de 60 puis de 80 ; aujourd'hui, on admet qu'il pourrait bien y en avoir 112. Le nombre augmentant avec la notoriété.

Depuis le puy de Dôme, panorama sur le massif des Dômes.

L'Auvergne produit des ministres, des fromages et des volcans

Qu'ils soient cent ou même dix, ces monstres de lave en léthargie valent le déplacement. Sur ces sentes tantôt noires, tantôt rouges, nous allons vers un drôle de pays, qui, même s'il se situe au centre de notre hexagone, reste un monde imprécis, aux influences multiples. D'ailleurs sommes-nous réellement en France avec ces volcans qui rappellent la Sicile, ces chapelets de lacs comme en Finlande, ces épaisses forêts comme au Canada, ces landes à bruyère comme en Ecosse ou même ces rivières à truite comme en Irlande ? Peut-être faudrait-il demander à un enfant du pays de définir cette Auvergne ? Alexandre Vialatte, écrivain et traducteur de renom utilisait les métaphores et l'humour pour esquisser cette province. Il constatait qu'elle avait été créée par Dieu le huitième jour, en ramassant les miettes ; il évoquait sans cesse ce proverbe : "*En Auvergne, il y a plus de montées que de descentes*". et il rajoutait encore : "*L'Auvergne produit des ministres, des fromages et des volcans. Il n'y a rien de plus chauve qu'un volcan. C'est un spectacle extraordinaire que d'en voir trente autour du puy de Dôme, avec leur trou en haut de la tête, comme un nid de poule, comme une frontanelle. On dirait un morceau de lune*".

Après tout, contentons-nous de la lune pour résumer cette première attirance. Vialatte était dans le vrai, car c'est exactement l'impression que l'on a en approchant du Prariou. De loin, on dirait un tumulus, planté là pour recevoir les guerriers gaulois morts en résistant à l'envahisseur romain. Gergovie est toute proche. Le volcan a repris instinctivement cette façon d'être pelotonné. Avec ces lignes sinueuses, ce vert intense, ce trou béant, ses lèvres se dressent de plus de 90 mètres au-dessus du cratère. Un cône parfait pour un ciel complètement torturé. Et puis, au bord de cette cavité monstrueuse, le vide vous saisit. Il y a 8000 ans – une poussière à l'échelle du temps – il crachait à tout va, comme son voisin, le puy de Dôme, l'une des fiertés des gens d'ici. En l'approchant, on découvre une faune extrêmement riche : fouines, belettes, écureuils, oiseaux, papillons s'activent dans ce territoire redevenu calme. Nous sommes dans une sorte de *no man's land* : la Cheire. Ce plateau est en fait une ancienne coulée de lave devenue au fil des temps un lieu de pâture. Un milan Royal vient traverser le ciel ; une pirouette, un bruit de soufflerie, et le voilà qui plonge sur un lièvre à quelques mètres de nous. Abasourdis par son audace, nous reprenons notre randonnée vers le seigneur du lieu. Le puy de Dôme avec ses 1464 m domine les autres monts. De là-haut, soufflent des thermiques qui prouvent que vents et tempêtes en ont fait un sanctuaire et l'on voit encore mieux la répartition de cet océan de verdure d'où émergent quelques citadelles sur le déclin. Nous sommes à 200 m au-dessus de tous les autres volcans et il est facile de déceler ces monticules plus ou moins coniques qui aujourd'hui veulent nous faire croire qu'ils coulent des jours paisibles. Un peu excentré, le puy de Côme avec ses différentes essences d'arbres qui montent jusqu'à sa cime. Plus près, le Sarcoui qui ressemble à un dôme renversé et dont on prélevait des blocs pour tailler des sarcophages, devant Les Suchet, puis le Clerziou avec ses laves visqueuses sans coulée ; il fut le dernier à s'assoupir, 2000 ans seulement avant notre ère. Le Prariou enfin qui, d'ici, est encore plus spectaculaire. C'est un panorama rare pour un sommet étonnant, car le puy de Dôme est réellement à part. Tour à tour temple du dieu des voyageurs (Mercure), repaire de sorciers, site d'expérimentation, premier observatoire, épopée du tour de France cycliste, c'est maintenant un haut lieu du tourisme : 400 000 personnes, grâce à une route en lacets, contemplent Clermont-Ferrand, sa cathédrale en pierres de lave et la chaîne des Dômes. Par le chemin des muletiers, nous rejoignons maintenant le col de Ceyssat puis Laschamps. Est-ce ce spectacle éblouissant, mais depuis que je suis parti, je n'ai plus envie d'utiliser le *je*. Comme si nous devions partager cette mémoire des pas. Et si les pierres pouvaient parler, elles raconteraient les mêmes fatigues, les mêmes halètements, les mêmes chaleurs, le même soleil féroce, toutes ces sensations que les randonneurs, les bergers, les pèlerins, les soldats, les bandits ont dû connaître aux mêmes endroits que moi, s'essoufflant, bataillant dans les mêmes montées, sur les mêmes sentiers, et cela depuis que l'homme est homme. Ici et ailleurs, car l'Auvergne ne fait que catalyser cette réflexion : marcher est une démarche collective, randonner en est la forme sublime. Alors tous ceux que j'ai précédés ou ceux qui me suivront ressentiront les mêmes émotions intactes sous cette lumière qui prédit l'orage. Et puis, nous avons l'impression que l'Auvergne ne se raconte pas. Comme ses habitants, elle se fait aimer discrètement, sans tapage mais avec profondeur comme ces paysages dont on ne sait pas qu'ils furent autrefois des grands sommets avant de s'effondrer pour devenir seulement des montagnes pelées.

Le buron

Cette simple cabane d'estive essaimée à travers tous les contreforts du Sancy, du Cézallier ou du Cantal, indique que l'on est sur des alpages. Bâtiment de lauze et de basalte, construit entre la fin du dix-huitième siècle et le milieu du dix-neuvième, il servait à la fois d'abri pour le berger et de cave pour la fabrication des fameux fromages d'Auvergne. Toujours construit à proximité d'une source, c'était au départ un simple campement de nomade (ceci dès le treizième siècle) avant de devenir une habitation avec ces lourdes dalles de pierre qui descendent du toit. Situé dans un repli de terrain, c'est en fait une laiterie où le "buronnier" officiait. Au fond s'étendait la cave creusée à flanc de montagne où l'on conservait, tout le temps de l'estive, les fromages. Simples lieux de travail, refuges contre le mauvais temps, ils ont commencé à être désaffectés juste après la seconde guerre mondiale. Aujourd'hui encore, et tout spécialement dans le Cantal, ils marquent le paysage par leur architecture si particulière.

Des descentes sèches, des montées assassines, comme à Mafate en plein cœur de la Réunion

Des montagnes chahutées, nous allons encore en croiser : puy de la Vache, puy de Vichatel, de Charmont, de la Combegrasse marquent la fin du premier territoire. Bientôt la chaîne des Dômes, relativement récente (formée entre 15 000 et 7500 ans) va laisser la place à celles du Mont-Dore, beaucoup plus ancienne (6 millions à 250 000 ans). Hêtres, épicéas, landes à callune, genêts sont pratiquement nos seuls compagnons de route. De temps à autre, des toits de lauze, des fermes, un hameau, une route coupée rapidement, rappellent qu'on s'y accroche tout de même. Voici les contreforts du Sancy, le relief semble se tordre encore plus. Il se plisse, se convulse comme s'il hésitait entre montagnes ancestrales et montagnes à venir. On dirait qu'il a mal au ventre et qu'il a voulu se recroqueviller sur lui-même. Tout le massif du Mont-Dore, un volcan de 30 kilomètres, se démarque par ses puys.

En passant au pied de la dent de la Rancune, au milieu des brèches accumulées sous les basaltes et complètement effondrées, l'automne nous rattrape. Les hêtres ont ramassé la couleur des éruptions. Au-dessus, des corneilles tournoient, mais les oiseaux ne se taisent pas pour autant. Des pinsons se chamaillent, un geai redore un arbre mort avec ses teintes de général. Plus bas, une grappe de champignons s'ébroue à travers les feuilles mortes. Chaudefour prend des airs sauvageons. Le cirque

Sous la cascade de Salins.

ne rappelle plus ces crânes chauves, qui montraient leurs bedaines arrondies. Ici, des titans se sont livrés un combat ; on les imagine plutôt s'effondrant, se redressant avec fracas, avec force dans cette caldeira. Le résultat est là : des descentes sèches, des montées assassines, des vallées profondes, un peu comme à la Réunion ; pour un peu, on y chercherait même Mafate...

A l'inverse, la bordure sud du Sancy est devenue le pays des lacs et des cascades. Des lacs magiques ont envahi ce qui autrefois était l'antre des pires explosions : lacs d'émeraude ou de saphir enchâssés dans les bois noirs d'épicéas ou les sapins de Douglas comme le lac Pavin. Des cascades effleurent cette croûte pour former des troublions qui jouent avec les arcs-en-ciel.

Une des nombreuses sources souffrées d'Auvergne.

Sur le plus grand volcan d'Europe

Après avoir affronté ces tourments géologiques, on se retrouve de nouveau sur un plateau : le Cézallier. 40 kilomètres qui s'étirent et dont les langues basaltiques enserrent les vallées de l'Alagnon ou de la Couze d'Ardes. L'œil en vient à se perdre dans un horizon qui se dérobe. Le sentier nous guide vers La Godivelle. Un bout du monde ou de nulle part, selon. Le ciel a rattrapé ces galettes de laves fluides qui ont fini leurs courses ici. Seules les vaches Salers donnent un peu de mouvement à ces vallons suspendus. Les paysans n'ont jamais pu se résoudre à abandonner ces vaches avec leurs robes acajou et leurs cornes arrondies en forme de lyre. D'abord parce que le rouge de sa tignasse s'accommode bien au vert mordoré des pâturages, mais aussi parce que c'est une bonne vache, la Salers : rustique, robuste, travailleuse, sentimentale même puisqu'elle ne peut donner du lait qu'en présence de son veau. Et en plus, elle regarde ses maîtres ! A vrai dire, elle reprend trait pour trait les caractères des Auvergnats, braves, solides, durs au labeur. Vialatte avait encore dans sa besace une belle expression lorsqu'il parlait de ce montagnard qui, s'acharnant sur son champ de cailloux, le défonce, le harcèle : "*Il fait pousser du seigle dans la lave et du trèfle dans le granit*".

Déjà, le chemin nous reprend, cap au sud vers le Cantal. Les monts du Cantal, encore un pays de tumulte. Ici régnait la lave en fusion, sur ce qui fut le plus grand volcan d'Europe, 70 kilomètres d'est en ouest. Il y a huit millions d'années, il crachait le feu par toutes ses bouches. Des centaines d'éruptions cataclysmiques dont chacune avait la puissance d'une dizaine de bombes atomiques se succédèrent, malaxant, pétrissant, fracturant le paysage que les glaciers se chargèrent ensuite de façonner. Tête ronde du Plomb du Cantal, pyramide du puy Mary, échine escarpée, têton de Vénus, puy Griou. On pourrait les croire sur le déclin, moribonds même, mais il n'en est rien. Ce sont bien des foyers en somnolence, loin d'être éteints. A quelques kilomètres à peine, l'eau de Chaudes-Aigues coule encore à 82°.

Sur ce nouveau chemin des crêtes, nous passons au puy Mary. En voyant ce ciel bouché, ces nuages qui jouent la chamade, se bousculent, on comprend pourquoi en Auvergne, tout le monde a rencontré le Diable. Et n'est-ce pas lui qui a dérobé ces feux ancestraux ? Assis au bord du chemin, nous en sommes à nous poser ce genre de questions en mordant à pleine dent dans un morceau de Cantal, le fromage du pays qui sent si bon la terre. En approchant de Super-Lioran, terme de notre périple, nous n'avons toujours pas la réponse. Le Plomb du Cantal accroche un dernier nuage. D'un coup, il résume l'attirance de la terre pour le ciel. Finalement si les cratères ne crachent plus de lave, ne sont-ils pas là pour rassembler les eaux, abriter les animaux sauvages, donner vie aux fleurs, aux belles vaches rousses et aux hommes ? Une belle mission pour des montagnes qu'on croyait apparemment à la retraite.

Vallée de Chaudefour et dent de la Rancune.

Itinéraire

Cet itinéraire évoluant entre plusieurs GR, il est conseillé de bien lire les indications portées sur les panneaux indicateurs. D'autre part, en traversant les nombreux pâturages, il vous est demandé de bien refermer les enclos et de respecter les consignes des éleveurs.

1er jour : col des Goules (997 m) - puy Pariou (1 209 m) - puy de Dôme (1 465 m) - Laschamps (967 m)

Dénivelée : 600 m

Horaire : 5 à 6 h

Du col, tirer plein sud en passant entre les volcans. Au passage, remonter vers le puy Pariou avant de retrouver, en passant entre le Petit et le Grand Suchet, le sentier du GR 441-4. Cette variante passe dans une zone militaire (se renseigner sur les possibilités de tir). Laisser sur la droite le premier sentier qui rejoint le col de Ceyssat en évitant la montée au puy de Dôme. A la cime de la Plaine, on retrouve une bifurcation ; prendre cette fois à droite en direction du Nid de la Poule ; par un pierrier, remonter alors vers un éperon rocheux et, par le versant nord, atteindre sans difficulté le sommet. De là, repartir par une série de lacets en direction du sud/sud-ouest sur une ancienne voie romaine. Atteindre le col de Ceyssat (1 078 m). A travers des hêtraies, et en restant sur le sentier principal, rejoindre Laschamps (967 m).

2e Jour : Laschamp (967 m) - col de la Ventouse (964 m) - Pessade (1 172 m)

Dénivelée : environ 300 m

Horaire : 6 à 7 h

A la sortie de Laschamp, sur la Départementale, en direction du sud, trouver un large sentier qui va venir longer le puy de Laschamp, puis celui du Pelat. Arriver ainsi à un petit col (1 097 m) entre celui-ci et le puy de Mercœur, laisser un premier chemin qui part sur la droite vers Beaune avant de bifurquer 300 m plus loin en laissant à main droite le GR 30 exactement au point 1 440 m. Longer le puy de Lassolas, puis passer au pied du puy de la Vache que l'on remonte en aller-retour en suivant les rebords du cratère. Un peu plus loin, on rejoint la D 5 ; partir à droite sur une centaine de mètres avant de retrouver, à l'entrée de la forêt, un sentier qui se dirige au sud vers le col de la Ventouse, en passant au pied du puy de Vichatel. Traverser alors le croisement formé par la Nationale 89 et la Départementale 213, se

Burons vus du ciel.

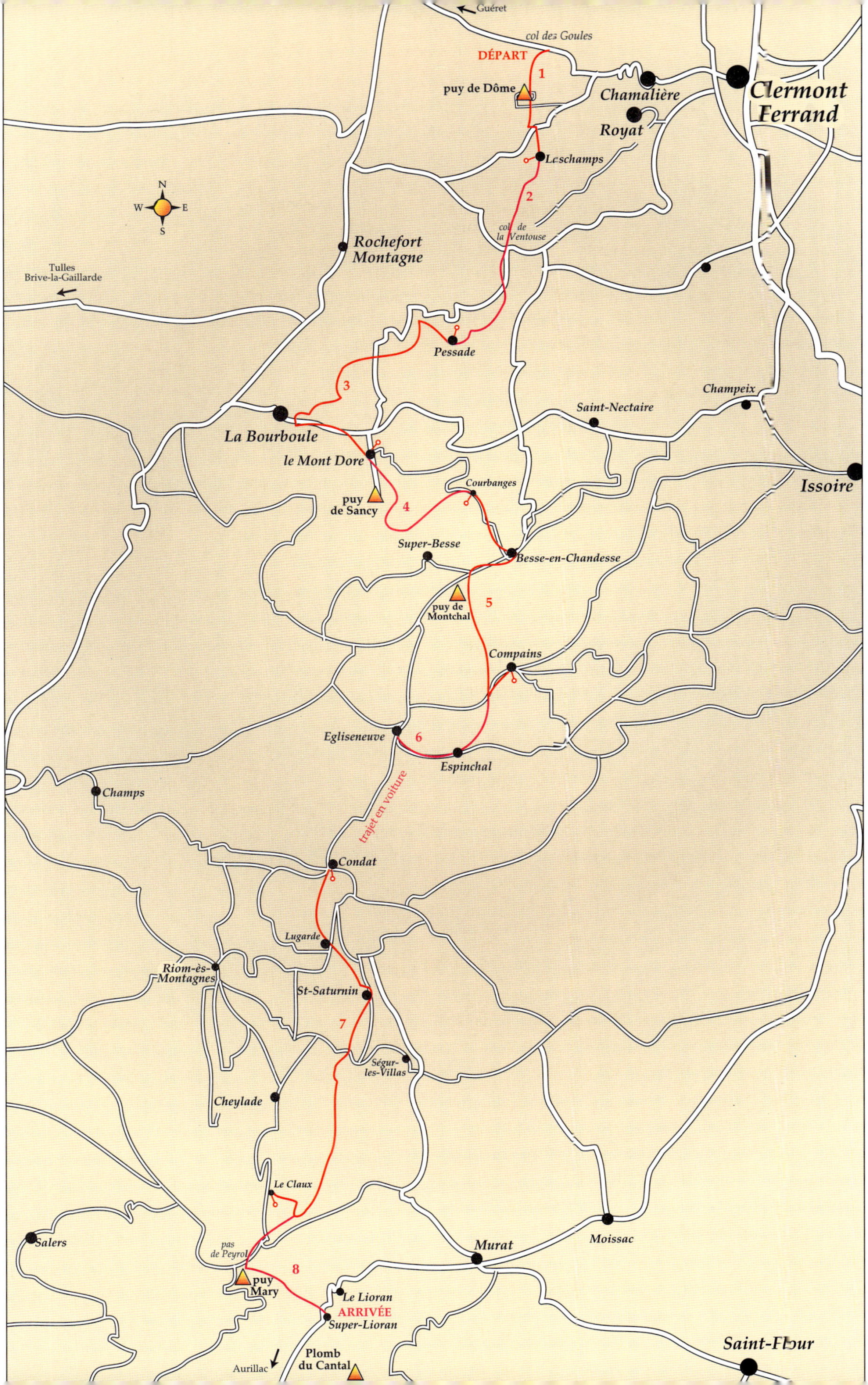
Guéret
col des Goules
DÉPART
1
puy de Dôme
Chamalière
Clermont Ferrand
Royat
Leschamps
2
N
W
E
S
col de la Ventouse
Rochefort Montagne
Tulles Brive-la-Gaillarde
Pessade
3
Champeix
Saint-Nectaire
La Bourboule
le Mont Dore
Issoire
Courbanges
puy de Sancy
4
Super-Besse
Besse-en-Chandesse
puy de Montchal
5
Compains
Egliseneuve
6
Espinchal
Champs
trajet en voiture
Condat
Lugarde
Riom-ès-Montagnes
St-Saturnin
7
Ségur-les-Villas
Cheylade
Le Claux
Salers
pas de Peyrol
Murat
Moissac
8
puy Mary
Le Lioran
ARRIVÉE
Super-Lioran
Saint-Flour
Aurillac
Plomb du Cantal

diriger vers celle-ci pour retrouver une piste forestière qui progresse en direction du puy de Charmont. Une traversée à flanc le contourne, puis descend avant de croiser un sentier PR. Reprendre alors la progression au sud, sud-ouest, passer par un petit col entre le puy de Combegrasse et le puy de la Rodde. Contourner la Garandie, puis traverser de nouveau la D 5. Plus loin, traverser le ruisseau de Veyre, puis remonter légèrement à proximité de la Tourette pour venir traverser Saulzet-le-Froid (1 034 m). De là, suivre la D 74 sur 500 m en direction de Pessade. On vient alors trouver un sentier à gauche, au départ goudronné, qui s'en vient traverser des pâturages et qui, en ligne droite, rejoint Pessade.

3e jour : Pessade (1 172 m) - lac de Servières (1 203 m) - col de Guéry (1 268 m) - Le Mont Dore (1 048 m)

Dénivelée : 600 m

Horaire : 6 à 7 h.

Retrouver au nord-ouest le GR 441 qui s'en vient longer les bois de Pessade. Assez large au début, le sentier se rétrécit pour venir couper le ruisseau de Chevalard après une courte descente. Sur l'autre rive, se diriger vers l'orée de la forêt pour remonter dans un vallon et aboutir sur une route carrossable. La suivre jusqu'aux chalets du lac de Servières. Partir plein sud, sur la rive droite du lac, pour se diriger vers le puy de Combe-Perret en restant à la limite de la forêt. On rejoint alors un plateau avant de tourner à gauche aux abords de la forêt de la Grande Fontaine, on rejoint le col de l'Ouire (1 436 m), juste sous le puy du même nom. Descendre en oblique pour trouver le bord du plateau, puis un sentier qui descend dans une forêt d'épicéa. On atteint alors le col de Guéry (très belle vue sur la roche Tullière et la roche Sanadière). Passer éventuellement au lac du même nom, puis reprendre le GR 41 qui repart vers l'ouest par un bon chemin qui se dirige vers la ferme de Puy May. Passer à proximité avant de bifurquer sous la Banne d'Ordanche pour rejoindre plein sud le Tenon. A la lisière de la forêt, on retrouve le GR 30 pour descendre dans la forêt des Rousses. Un peu avant la sortie de celle-ci, prendre un nouveau sentier à gauche qui conduit à Panoles puis au Marais. De là, on retrouve la Départementale 130 que l'on suit sur quelques centaines de mètres pour arriver au gîte d'étape des Hautes-Pierres.

4e jour : Le Mont Dore (1 048 m) - puy des Crebasses (1 785 m) - Courbanges (1 144 m)

Dénivelée : 700 m

Horaire : 6 à 7 h

Venir à la sortie du village pour prendre dans l'un des premiers virages qui montent au col de la Croix Saint-Robert un sentier sur la droite qui passe à la Grande Cascade. Remonter à travers une hêtraie vers celle-ci, éventuellement et pour le plaisir, passer sous sa chute d'eau puis récupérer un sentier raide qui permet de déboucher sur le Creux des Bœufs. Remonter plein est en direction du col avant de retrouver à l'aplomb de la Départementale le GR 4 qui fait le tour des crêtes. Bifurquer alors plein sud, traverser le plateau de Durbise pour remonter dans des pentes herbeuses sur le roc de Cuzeau (1 737 m), suivre la ligne des crêtes qui alterne montées et descentes qui s'en vient rejoindre le puy des Crebasses, point culminant de notre circuit que l'on rejoint hors sentier en quelques mètres. Rejoindre en traversée le départ du sentier de la vallée de Chaudefour vers 1 700 m (on peut aussi faire un aller-retour sur le puy de Sancy, sommet d'un téléphérique, mais cela ne présente guère d'intérêt). S'engager sur un sentier aisé au départ qui va devenir très raide et passer entre la crête de Coq et la dent de la Rancune (ne s'y engager que par beau temps, terrain glissant). Descendre alors plein est pour rejoindre une zone forestière avant d'aboutir en fond de vallon. Une belle piste forestière fermée à la circulation permet de rejoindre le chalet Sainte-Anne, puis, en suivant la Départementale, d'atteindre Courbanges.

5e jour : Courbanges (1 144 m) - lac Pavin (1 197 m) - Compains (995 m)

Dénivelée : 400 m environ

Horaire : 6 à 7 h.

On rentre de nouveau dans une zone de plaine qui sépare la chaîne du Mont-Dore de la chaîne du Cantal. Traverser la D 36 puis prendre légèrement au sud-ouest en direction du ruisseau de Courbanges par un large sentier, traverser celui-ci sur un pont, puis rentrer dans une magnifique forêt de conifères ; croiser la Grande Allée et sortir à l'extrémité sud de cette plantation. Venir franchir le torrent de Malvoissière et remonter en direction de la montagne de Dourbisse (1 206 m), passer à Leylavaux pour descendre sur Besse-en-Chandesse. Une visite de ce beau village s'impose. Puis reprendre au sud-ouest, à partir de Vilatour, un sentier qui chemine à flanc au-dessus de la Départementale 978. Venir la couper à la Grange Basse, remonter sur la route sur quelques centaines de mètres avant de bifurquer en direction du lac Pavin. Repartir alors plein sud à travers une zone alternant bois et pâturages, traverser la forêt des Fraux, puis remonter une petite butte qui permet de découvrir sur

Le lac Pavin, l'un des plus profonds d'Auvergne.

Le sommet du puy de Dôme.

votre gauche le lac de Bourdouze avant de se diriger sur la plaine de Montcineyre, en suivant la lisière de la forêt qui fait un crochet. On rejoint le lac de Montcineyre (1 182 m) au pied du puy de Montcineyre. Venir longer le lac, versant est, pour repartir en direction de Chaumiane (1 104 m). A l'entrée du hameau, reprendre un chemin empierré qui conduit à Compains.

6ᵉ jour : Compains (995 m) - Egliseneuve d'Entraigues (953 m) - Condat (706 m)

Dénivelée : 400 m environ

Horaire : 9 à 10 h

Sortir du village par la D 36 et, juste après le pont, derrière une maison, débute un bon chemin ; le quitter rapidement par la gauche pour remonter dans le bois Saint-Georges. A la sortie de celui-ci, passer à gauche de la ferme de Malsagne pour se diriger plein sud. On dépasse le buron de Barbe-Sèche pour monter sur la montagne du même nom (1 186 m). On s'en vient longer la D 36 qui rejoint Brion. Monter vers Le Foirail où se déroulent l'été de grandes foires aux bestiaux. Repartir dans des prairies au sud/sud-ouest en direction des burons de la Garde (1 246 m), puis traverser de nouveau une zone de plantations avant de rejoindre La Godivelle (1 203 m). Rejoindre le lac d'En-Haut (1 239 m). Un chemin empierré part vers l'ouest, le suivre. Passer au point 1 258 m. Il vient perdre doucement de l'altitude pour

Vallée de Chaudefour : la randonnée flirte avec l'escalade.

Le puy de Pariou, l'un des dômes les plus connus d'Auvergne.

dépasser la ferme de Gaine puis le hameau de Sandalouze (1 131 m). Dépasser Espinchal pour retrouver au nord/nord-ouest, exactement au carrefour de la Croix du Marquis, un chemin sur la gauche qui franchit le ruisseau de Riochaux puis s'en vient longer le hameau de Redondel. A travers les pacages, rejoindre Egliseneuve d'Entraigues (à visiter : la maison des Fromages). Partir en direction de la ferme d'Auger (1 050 m) en suivant au départ un chemin empierré au sud/sud-ouest. A cet endroit, le GR 30 se sépare du GR 4 que l'on va désormais emprunter. Le sentier, parfois peu évident, suit les limites de propriétés et les clôtures, bien repérer les balisages. Traverser la montagne de la Rodde, le sentier orienté désormais au sud passe par le hameau de Chez Carry (1 058 m), puis à proximité d'Espinassouzze, puis franchit la Croix Neuve, le Petit Jolon avant d'arriver au hameau de Vaisset. En reprenant au sud à travers une nouvelle zone forestière, on atteint Condat-en-Feniers.

7e jour : Condat (706 m) - puy de Niermont (1 600 m) - Le Claux (1 036 m)

Dénivelée : 1 000 m

Horaire : 9 à 10 h.

Partir vers le sud sur la D 678 en direction de Laquairie sur la route elle-même (il n'existe pas à proprement parler de sentiers dans cette portion de trajet), passer le pont de Laspeyrière, puis tourner à gauche à la deuxième route de campagne qui monte au hameau. La suivre pour passer à la Manicaudie, puis se diriger vers Lugarde (1000 m). Rejoindre Lugarde-Haut pour retrouver, à côté du calvaire, une piste carrossable qui traverse la voie ferrée pour se diriger vers Saint-Saturnin, puis Peyrelade. Venir croiser la Départementale 3 (1 162 m), continuer à progresser vers le sud pour gagner toujours par une piste la ferme de Prévert que l'on dépasse. Arriver près des burons de Stalapos. A partir de là, on rejoint le plateau du Limon, puis une ligne de crête qui conduit jusqu'au puy de Niermont (1 620 m) que l'on contourne avant de redescendre sur Le Claux par un sentier de pays.

Cette étape de transition est la moins intéressante de ce circuit, se déroulant souvent sur des petites routes de campagne. Si on veut effectuer ce circuit en 7 jours, on peut éventuellement la sauter en prenant un taxi à Condat et en repartant du Claux ou de plus haut pour mieux profiter du massif cantalien.

On peut aussi se faire conduire à la sortie de Saint-Saturnin pour profiter de la seconde partie sur les crêtes et non pas des petites routes.

Roche Tullière, juste avant le col de Guéry.

8e jour : Le Claux (1 036 m) - puy Mary (1 785 m) - Super-Lioran (1241 m)

Dénivelée : 1 100 m

Horaire : 7 à 8 h

Repartir par le sentier de la veille qui conduit à travers le bois de Chabraire en direction du puy de Niermont.

On rejoint un petit col sur son versant sud. Reprendre alors le chemin des crêtes, direction générale sud/sud-ouest. Il redescend doucement pour atteindre le col de Serre (1 335 m) où l'on traverse la D 62. Par la suite, on reste sur la ligne de crêtes, à l'aplomb de la route pour se diriger vers le buron d'Eylac (possibilité de gîte d'étape) qui est juste au pied du cirque. Rejoindre le pas de Peyrol (1 588 m) et, par un éboulis, atteindre le puy Mary (1 783 m). Continuer à partir vers le sud-est en descendant par un bon sentier vers la brèche de Roland (1 647 m) que l'on dépasse. Passer à flanc sous le puy de Peyre Arse pour rejoindre le col de Cabre (1 528 m), puis traverse sous le puy Bataillouse avant de passer au col de Rombière (1 550 m). En prenant une sente à gauche qui descend sur le buron de Meije Costes et traverse la forêt de Gramatécuère, on gagne le fond du cirque. Traverser alors l'Alagnon avant de rejoindre la Départementale 67 et, quelques centaines de mètres plus loin, la gare SNCF, terminus de notre périple.

Généralités
La traversée des massifs volcaniques d'Auvergne est une randonnée à la portée de le plupart des randonneurs. Evoluant à une altitude moyenne ne dépassant pas les 2 000 m d'altitude, sur des sentiers dans l'ensemble assez bien tracés, elle permet de découvrir, à travers 3 massifs, l'histoire et la mécanique de ces volcans qui ont tant façonné ce pays. Dans une région relativement épargnée par l'industrialisation, c'est aussi un voyage dans une France rurale qui a gardé toute son authenticité et ses traditions. Louvoyant entre GR 441 (tour de la Chaîne des Puys), GR 4 (Hauts Plateaux et Monts d'Auvergne) et GR 30 (tour du Volcan Cantalien) et 400, cette combinaison, encore peu présentée, mérite d'être connue de la plupart des randonneurs en mal d'inspiration.

Accès
- En voiture : laisser un véhicule au col des Goules, situé à 7 km de Clermont-Ferrand sur la D 941. Prévoir ensuite de récupérer la voiture en ce point.
- En train : Paris - Clermont-Ferrand en 3 h 30 puis taxi jusqu'au col des Goules. Retour de Super-Lioran en train pour Clermont-Ferrand.

Saison
Cette randonnée est recommandée entre juin et fin octobre. Ce circuit, en début d'été, est exceptionnel pour la floraison. L'automne, les amateurs de belles lumières découvriront des moments rares avec des couleurs fugitives.

Matériel
Malgré une altitude modeste par rapport aux Alpes, le mauvais temps, l'orage et le vent peuvent être ici extrêmement violents. A noter que les crêtes sont particulièrement exposées à la foudre. Nous ne pouvons que vous conseiller de vous équiper correctement en emportant des vêtements chauds, isolants et coupe-vent, ainsi que des bonnes chaussures aux semelles adhérentes. Un bâton de ski peut être utile pour certaines descentes comme celle qui conduit dans le vallon de Chaudefour.
Enfin, une boussole n'est pas de trop pour se repérer sur les grands plateaux en cas de brouillard.

Cartographie
Pour réaliser ce circuit, il faut se munir des 6 cartes au 1/25 000e de l'IGN :
- Top 25 n° 2531 ET Chaîne des Puys
- Top 25 n° 2432 ET Massif du Sancy
- Top 25 n°2433 ET Egliseneuve-d'Entraigues - Puy de Sancy
- Top 25 n° 2434 OT : Riom-ès-Montagnes - Artense
- Top 25 n° 2534 OT : Monts du Cézallier
- Top 25 n° 2435 OT : Monts du Cantal

Bibliographie
D'abord les incontournables topo-guides de la FFRP où on trouvera une grande partie de notre itinéraire dans les éditions suivantes :
GR 4 Hauts Plateaux et Monts d'Auvergne
GR 441 Tour de la Chaîne des Puys
GR 30 Tour des Lacs d'Auvergne
GR 400 Tour du Volcan Cantalien
Ensuite, l'excellent *Auvergne, les plus belles randonnées* de Bruno Auboiron et Gilles Lansard, éditions Glénat
et toute une série de livres plus ou moins généralistes qui présentent l'Auvergne sous différents aspects.
L'Auvergne, textes de Pierre Mazataud et Joël Damase, éditions Ouest France
L'Auvergne absolue, Alexandre Vialatte, éditions Julliard
Guide de l'Auvergne Mystérieuse, A. Pourrat, collection les guides Noirs, éditions Tchou Princesse
La vie rurale dans les massifs volcaniques, Editions Laffitte Reprints.
Les volcans d'Auvergne, Aimé Rudel, éditions du Volcan
D'une Fougère à l'autre, Eliane Meallet
Le Massif central, Auvergne - Causses - Cévennes, Les 100 plus belles courses et randonnées, Annick et Serge Mouraret, éditions Denoël.

Numéros utiles
Météo France :
- Puy-de-Dôme : 08.36.68.02.63
- Cantal : 08.36.68.02.15
Secours en montagne :
Puy de Dôme - Sancy, Le Mont Dore (PGM), tél. : 04.73.65.04.05
Cantal Murat (PGM), tél. : 04.71.20.04.80
Renseignements
Comité Régional du Tourisme d'Auvergne, Clermont-Ferrand, tél. : 04.73.93.04.03
Parc naturel régional des Volcans d'Auvergne, Maison du Parc Montlosier, 63970 Aydat, tél. : 04.73.65.64.00
PNRVA, Aurillac, tél. : 04.71.48.68.68
Chamina, Association pour le développement de la randonnée dans le massif Central, en mesure aussi de vous proposer un encadrement, Clermont-Ferrand, tél. : 04.73.92.81.44

Hébergements
Cette liste non exhaustive est établie en fonction de notre trajet, vous pouvez évidemment la compléter en fonction des variantes que vous effectuez.
- Laschamp, gîte d'étape chez Mme Andant, tél. : 04.73.62.12.50 ou 04.73.62.24.12
autre possibilité, Espace Volcan, tél. : 04.73.62.26.00
- Pessade, gîte d'étape chez Mme Pellisier, tél. : 04.73.79.31.07
- Le Mont Dore, de nombreuses possibilités (cf office du tourisme) mais nous vous recommandons le gîte d'étape des Hautes-Pierres, tél. : 04.73.65.03.53
- Courbanges, gîte d'étape, chez Mme Diot-Matte, tél. : 04.73.88.66.59
- Condat, gîte d'étape, tél. : 04.71.78.51.31 ou 04. 71.78.52.06
- Le Claux, gîte d'étape, tél. : 04.71.78.93.88 ou 04.71.78.93 11

Rencontre du troisième type avec une vache Salers.

Cave d'affinage du fameux fromage de Cantal.

LE TOUR DU CANIGOU
LES PYRÉNÉES DU SOLEIL

A deux pas des plages, dans les Pyrénées Orientales, il est possible de gagner très vite de l'altitude grâce à un sommet mythique, connu depuis l'antiquité et qui est encore la montagne des Catalans : le Canigou. Un grand sommet qui prend racine dans le Roussillon et qui, 2 700 mètres plus haut, s'en vient gratter le soleil pour entretenir la légende.

De la mer à la montagne. Un étrange raccourci que connaissent bien les défricheurs d'étoiles et d'espaces. Depuis, les hommes, trop cartésiens, se sont dit que les deux n'allaient pas ensemble. Comme si les rêves ne pouvaient se juxtaposer. Pourtant, il existe une montagne à part. Un bout de caillou qui prend racine dans la mer. C'est même par là que débute son histoire... et la nôtre, car le Canigou est réellement un sommet insolite. Ce fut d'abord la montagne des marins. Phéniciens et Massaliotes naviguaient sur ses bords et ils la croyaient magique, en relation avec la fabuleuse Atlantide.

Sur le versant est du Canigou.

La montagne des Catalans

Ce fut ensuite la montagne des Catalans, et à vrai dire, je devrais utiliser le présent, car rien n'a vraiment changé. Parlez-en avec un Catalan, il vous dira que même les autres sommets plus élevés, des Encantats à la Sierra del Cadi, du Carlit à la Carença, du Costabonne à l'Albère, tous s'associent à l'hommage. Car eux, les Catalans, voient dans ce simple soulèvement géologique la *Muntanya Régalada.*, un terme qui évoque la joie, l'exubérance, l'attachement au pays. Et tous rêvent de la gravir au moins une fois dans leur vie, comme un pèlerinage initiatique au sein de cette patrie sauvage. Pendant longtemps, le Canigou a été le ventre rebondi de la région. Avec ses sources qui coulaient sur tous les flancs, il prodiguait l'eau à une dizaine de vallées. Il y avait aussi les forges et le fer, les charbonniers et les transhumants, tous ces lieux imprégnés de cette relation profonde avec la montagne. Velmanya, Batère, Fillols, Las Carboneras et, plus haut sur les crêtes, les Estables, les Cortalets et Prat Cabrera. Ne subsistent aujourd'hui que sur les terres grasses du Conflent, entre aulnes et chênes Verts, les vergers de pêche. Les mines ont fermé les unes après les autres ; les porteurs de glace qui charriaient sur leurs épaules la glace jusqu'aux villages ont disparu ; les murets de pierre qui marquaient des champs minuscules sont envahis par les broussailles. Le Canigou laminé et trop exploité, est raviné jusqu'à l'os. Les ronces ont reconquis l'espace que les hommes ont cru domestiquer et la forêt se charge d'effacer toute trace de conquête.

A défaut, le mythe demeure. Le Canigou est une montagne aux esprits et aux légendes ; c'est vers elle que nous sommes retournés. De la plaine du Roussillon, elle est omniprésente. Il est vrai que le record est incontestable avec presque 2 800 mètres de dénivelée ; c'est le plus important de toute la chaîne des Pyrénées. Et ses 2 785 m exactement de granit vert, il les perd dans les cieux catalans, entre Conflent (au nord), Aspres (à l'est) et Vallespir (au sud). Comme une pyramide, il est au centre de notre cédale, structurant le paysage, capturant le regard, ordonnant les sensations. Sommet boussole dès la haute antiquité, il n'a jamais perdu son rôle de repère et ce qui était intuitif pour les Phéniciens fut, en 1808, confirmé par le baron de Zach qui, du haut de la colline de Notre-Dame-de-la-Garde à Marseille (à plus de 330 km de là !), constata à l'heure du coucher : "*A peine le dernier rayon avait-il disparu, comme par un coup de baguette magique, nous vîmes pour ainsi dire tomber à l'instant le rideau, et une chaîne de montagnes, noires de jais, avec deux pics élevés, vinrent à point nommé frapper nos regards, avec tant d'évidence et de clarté que plusieurs spectateurs eurent peine à croire que ce fussent les Pyrénées et l'un de ces points le Canigou".* Amplitude pour une montagne qui ne fait pas dans la demi-portion, légendes aussi, comme pour mieux asseoir sa réputation. Dès le Moyen Age, on parle, on écrit sur le Canigou. En 1210, Gervais de Tilbury décrit ainsi ce pilier du sud : "*Il est en Catalogne, dans l'évêché de Gérone, une montagne forte haute, à qui les habitants ont donné le nom de Canagum ; son pourtour est abrupt et en grande partie inaccessible. A son sommet, il y a un lac aux eaux très noires et au fond insondable ; il s'y trouve, rapporte-t-on, une demeure de démons, aussi vaste qu'un palais, à la porte close ; mais la demeure et les démons eux-mêmes restent inconnus et invisibles au commun des gens. Si l'on jette une pierre ou quelque autre chose pesante dans le lac, une tempête éclate aussitôt, comme si les démons étaient courroucés*". Et quand les rois s'en mêlent, la légende ou l'histoire n'en deviennent que plus imbriquées. Pierre III d'Aragon (1239-1285) sera sans doute le premier roi-alpiniste. Parti comme il se doit avec une escorte, il découvre cette montagne couverte de ténébreuses forêts, barrée par des torrents. D'étranges échos sèment l'effroi parmi sa cour qui, prenant ses jambes à son cou, abandonne le roi à son destin. On ne sait si réellement il atteignit le sommet. Ce qui est sûr, c'est qu'il corsa la réalité, l'agrémentant d'effrayants monstres et dragons qui ne firent que renforcer la légende du Canigou. Car l'histoire de ce roi-alpiniste fit sensation tout au long du Moyen Age, alimentant les conversations de toutes les cours d'Europe. Le décor était en place pour la randonnée.

Six cents ans avant que la piste du Canigou soit reprise

Il a fallu presque six cents ans avant que les randonneurs reprennent la piste du Canigou. S'ils démarrent comme nous de Vinça, ils sont tout de suite saisis par l'ampleur de la montagne. Elle est un massif à elle toute seule, un continent vert dont on s'approche à pas feutrés. Nous allons jouer avec les versants comme pour mieux saisir la ronde du soleil. Voilà deux jours que nous marchons. A l'approche du col de la Cirère, la vie animale se fait plus présente, comme si animaux et plantes avaient fui le pourtour méditerranéen pour se réfugier sur ce bastion sauvage. Peut-être un peu fatigués par une rude montée, nous nous asseyons sur ce sentier en balcon, prenant soudain le temps d'écouter battre la nature. Une bergeronnette des ruisseaux vient juste de se poser au bord d'un torrent ; elle secoue son plastron, lisse quelques plumes et fait sa toilette matinale. Nous la regardons, émerveillés. Plus loin, derrière une haie d'aulnes glutineux, des sangliers s'affairent à déterrer quelques racines. Déjà, il faut repartir pour le Vallespir et Batère. Le Canigou accapare toutes nos pensées et, en arrivant au chalet des Cortalets, il faut dire que nous avons été un peu déçus. La piste qui dessert le refuge est devenue un argument publicitaire pour mettre le Canigou à moins de 2 heures. Des flots de touristes débarqués de rutilants 4 x 4 vaquent sur un immense plateau. On a parfois l'impression qu'ils viennent d'atterrir sur la lune. Le Canigou est à portée de main. Nous avons décidé de partir aux aurores pour apprécier le mariage de la mer, de la montagne et d'un soleil qui revient.

En me levant, dans cette nuit qui finit son ballet, j'aurais dû interpréter les signes. Certes, les étoiles étaient bien à leur place mais ce frémissement qui parcourait les feuillages était annonciateur : la tramontane venait de se lever. Et si elle signifiait qu'il n'y aurait aucun nuage... Sur le chemin des crêtes, cela allait être

l'isard, la fierté des Pyrénées

De son vrai nom scientifique *Rupricana pyrénaïca pyrénaïca,* l'isard est la fierté de tous les Pyrénéens et pas un ne manquera de vous exposer les caractéristiques subtiles qui le différencient de son cousin, le chamois des Alpes. Comme lui, il est gracieux et agile, mais légèrement plus léger (il pèse entre 25 et 35 kg). Avec ses pattes fines, sa tête longiligne surmontée de deux petites cornes recourbées vers l'arrière, son pelage beige ou brun (selon la saison) mais moins foncé que le chamois, il a colonisé tous les espaces de 800 à 3 000 m d'altitude, des pelouses aux parois rocheuses. En été, période de vos randonnées, il passe ses journées à faire la sieste et à ruminer. Il ne pâture que tôt le matin et lorsque la canicule s'estompe. Les femelles mettent bas, généralement début juin d'un ou deux éterlous qui, en 4 jours, seront capables de suivre leur mère. Les chamois vivent en hardes conduites par une vieille femelle. Elles comprennent les femelles, les petits et des jeunes mâles encore immatures. Les mâles vivent en solitaire et ne rejoignent la troupe qu'au moment du rut entre novembre et décembre. On peut rencontrer des chamois essentiellement autour du Canigou (crête du Barbet) et dans la réserve naturelle de Py et Mantet.

Saint-Martin-du-Canigou, un des hauts-lieux spirituels des Catalans.

un inconvénient. Pour l'instant, dans les premiers raidillons du Barbet, nous sommes là à admirer l'aurore. L'astre se fait rouge pour d'abord illuminer la mer, puis les côtes et enfin la montagne. Piverts et perdrix rouges s'activent dans cette aube matinale, et un tétras s'ébroue quelque part dans les rhododendrons. Dans cette lumière bleutée et presque juvénile, nous repartons. L'aube est agréable pour les marcheurs, encore un peu évanescents ; c'est au bruit d'un monde qui se réveille qu'on accomplit sa propre mutation. Le dormeur laisse paisiblement la place au vagabond des cimes. Pour nous, la transition sera de courte durée. Nous venons à peine de mettre le pied sur l'arête que la tramontane nous a rattrapés d'un coup sec et violent. Ployés comme en plein cœur d'une tempête patagonienne, nous titubons. Un pas en avant, un deuxième plus hésitant, un troisième carrément à l'arraché, il faut bien le reconnaître, nous n'avons plus l'air de randonneurs. Nous persistons, cent mètres, deux cents, mais en contrebas, même les isards semblent avoir renoncé à cette lutte. A l'abri du vent, ils n'ont pas l'air de ressentir les bourrasques. Caché derrière les blocs, un groupe broute tranquillement le persil d'Isard, une espèce endémique que l'on ne trouve que dans certains éboulis siliceux. Le vent a même l'air de se renforcer ; combien ? Difficile de jouer les anémomètres mais il dépasse allègrement les 100 km/h. Il devient de plus en plus difficile de tenir debout. A cet instant, le Canigou est bien la plus haute montagne. Elle a retrouvé ses fureurs et ses légendes et nous ne pourrons rien y faire. Malgré le soleil, notre expérience, notre entraînement, il faut renoncer. Nous décidons de redescendre et d'en faire simplement le tour, à l'abri des bourrasques. En passant sous le pic Joffre, nous rejoignons le GR 10, le col de Segalès et la descente sur Casteil. Devant l'abri Cicerola, nous faisons une halte. Un desman des Pyrénées, avec sa taupe au nez, allongé comme une trompe mobile sort de sa cachette. Il est tout surpris de découvrir que sa cabane est occupée.

Notre périple nous conduit à Saint-Martin-du-Canigou. C'est une autre constante de cette montagne ; après avoir été un lieu de légendes, elle est devenue en même temps un haut-lieu de la foi. Tout autour du

Mantet, le village le plus isolé des Pyrénées.

sommet, des abbayes, des églises romanes, comme autant de joyaux et de ferveur, sont apparues autour de l'an mille. Saint-Martin-du-Canigou est sans doute la plus mystique, perchée sur son caillou. On y vient de nulle part et on repart de la même façon. Sur leur éperon en saillie, ces pierres remontées de toute pièce au début du siècle nous interpellent. On se demande comment des hommes ont pu oser s'installer ici, au-dessus de Casteil, de la Corneilla, avec comme seul horizon les montagnes de Molitg, de Sournia et tout au fond, le pic de Bugarach.

Tout le long du trajet, on trouve des cabanes pastorales sommaires.

Mantet, l'un des villages les plus isolés des Pyrénées

Nous aurons encore l'occasion de nous émerveiller sur ces hautes terres catalanes. En passant au refuge de Marialles, en longeant les Esquerdes de Rotja et puis en arrivant sur Mantet. Cet été-là, Mantet n'est qu'une couleur, plutôt dix, cent. Tous les vallons qui convergent vers ce village extraordinaire, l'un des plus isolés de la chaîne des Pyrénées (l'électricité n'a été installée qu'en 1984), ne sont plus qu'un parterre floral : androsace de Vandelli, saxifrage faux-géranium, achillée des Pyrénées, gentiane de Burser, panicaut de Bourgat, lis des Pyrénées, plantain à une graine ont envahi le moindre espace. Seuls les sentiers échappent à ces bacchanales du début d'été ; ils sont un trait monocorde qui nous indique par où louvoyer. Par où finir aussi, car notre randonnée tire à sa fin. Le Canigou, phare du Roussillon a été un livre ouvert. A quelques encablures des plages surpeuplées, nous avons appris à cheminer avec ce massif qui, délibérément, se veut différent. Orgueilleux, indestructible, solitaire aussi, magnifique sûrement, il est à lui seul, le symbole de l'âme catalane. Et je comprends désormais pourquoi les Catalans lui vouent un tel culte. Il leur ressemble tellement.

Vers le refuge des Cortalets, au milieu des pins à crochets.

Itinéraire

1ère journée : Vinça (260 m) - chapelle Santa Anna (1 347 m) - Baillestavy (586 m)

Dénivelée : 1200 m

Horaire : 7 à 8 h

De Vinça, rejoindre le camping des Escoumes. Passer un pont étroit et suivre un virage sur la gauche dans lequel, sur la droite, démarre un sentier partant vers l'est. Le remonter avant de le laisser pour un autre qui se dirige vers un pylône, on arrive à un croisement de sentiers qui recoupe la route et franchit le vallon de Cornillac (283 m). Partir vers le sud vers la rivière de Rigarda, remonter son lit sur environ cinquante mètres et, dans un coude, traverser à gué pour venir récupérer un peu plus haut un nouveau sentier qui conduit à un autre croisement. Laisser sur la droite la piste menant à l'ermitage de Notre-Dame-de-Domanova et retrouver la route que l'on suit sur un kilomètre avant de repartir par un sentier en lacets dans une forêt de chênes. On rejoint un petit col (345 m), puis franchir le ravin de Montjuich (325 m). Par le nord-est, on accède à une crête sur laquelle on bascule à proximité du roc Baqué (383 m). Venir rejoindre la piste qui relie Bulaternera à Serrabona, passer le ravin de San Nazari puis celui de l'Infern et celui d'En Manen. Traverser le hameau de Veïnat de Baix (584 m) avant de tomber sur la route qui mène au prieuré de Serrabona (601 m). Rejoindre un épaulement vers l'ouest qui permet de rejoindre une crête orientée nord-sud. Partir vers le sud pour atteindre le col des Arques (1 023 m). Continuer ainsi à remonter en passant d'abord au roc d'Aurène (1 191 m), puis au Puig Soubirane (1 307 m) avant de trouver les ruines de la chapelle Santa Anna (1 347 m). Descendre ensuite vers le col de Monporteil (1 175 m). Vers le col de la Creux d'En Touron, le sentier vient s'infléchir à l'ouest pour passer le ravin de Rabollèdes. On rejoint alors Baillestavy (586 m).

2e journée : Baillestavy (586 m) - col de la Cirère (1 731 m) - Batère (1 523 m)

Dénivelée : 1400 m

Horaire : 8 à 9 h

Partir sur le sentier balisé GR 36, prendre à un carrefour celui de gauche, puis à une deuxième intersection celui de droite. Il monte rapidement ; passer un talweg, puis un ruisseau avant de laisser sur la droite l'itinéraire qui monte vers le Prat Cabrera, passer au Cortal d'En Closque avant se diriger vers le Cortal de Massanet (1 057 m) ; on traverse des hautes fougères puis on redescend sur le village de Valmanya (855 m). Venir traverser la rivière la Lentilla avant de partir sur la droite sur une piste carrossable que l'on quittera au premier lacet pour s'enfoncer par une série d'autres lacets dans la forêt. Remonter ainsi en coupant plusieurs fois la piste en direction de la maison forestière de l'Estanyol (1 479 m) où l'on peut éventuellement coucher (12 places). Continuer vers le sud, toujours dans la forêt pour venir rejoindre le balcon du Canigou qui en obliquant à gauche à la sortie de la forêt conduit au col de la Cirère. Descendre au sud-est en passant à gauche d'anciennes mines de fer pour rejoindre une piste qui conduit au gîte d'étape. On est à ce moment-là dans le Vallespir

3e journée : Batère (1 523 m) - Ras de Prat Cabrera (1 739 m) - refuge des Cortalets (2 150 m)

Dénivelée : 900 m

Horaire : 5 à 6 h.

Repartir en sens inverse jusqu'au col de la Cirère et redescendre vers la maison forestière de l'Estanyol. En remontant doucement, dans la forêt, le sentier s'en vient rejoindre l'abri du Pinatel (1 650 m). Il continue vers l'ouest presque à flanc en franchissant plusieurs torrents dont celui de la Lentilla. Juste un peu avant la piste, laisser à droite le sentier qui descend sur Baillestavy puis celui venant du refuge de la Molina. On rejoint alors une piste qui, grâce à quelques lacets à travers des champs de rhododendrons, conduit au Ras dels Cortalets (2 055 m). De là, bifurquer au sud et, par un sentier qui coupe la piste à travers la forêt, rejoindre le chalet des Cortalets (2 150 m).

4e journée : refuge des Cortalets (2 150 m) - Canigou (2 784 m) - Casteil (797 m)

Dénivelée : 1 100 m

Horaire : 7 à 8 h

Du refuge, se diriger vers l'ouest en direction d'un étang puis prendre au nord-ouest pour rejoindre un éperon sur lequel on découvre la fontaine de la Perdrix (2 250 m). Près de là, une bifurcation mène au Canigou, laisser alors le GR 10 redescendre à droite pour monter en direction du pic Joffre (2 362 m) que l'on contourne au sud-ouest. Une crête facile mène sans difficulté au sommet (compter environ 2 h pour atteindre le sommet depuis le refuge). Redescendre par le même itinéraire pour retrouver le GR 10, rejoindre la jasse de Casteil à 1 966 m (cabane), descendre sur le refuge de Bonne-Aigue (1 741 m) par une série de lacets. On rejoint, juste avant celui-ci, la piste que l'on emprunte en repartant à gauche presque horizontalement. Dépasser ainsi la Jasse

del Py (1 740 m), puis traverser le ravin du roc des Isards (1 820 m) avant de remonter dans une zone ravinée le secteur des Conques. Par des alpages et des sous-bois, on rejoint alors le col de la Jasse-d'en-Vernet (2 047 m). On continue à monter légèrement jusqu'à 2 100 m environ avant d'entamer une petite descente sur le col de Ségalès (2 040 m). De là, abandonner le sentier qui monte en direction de la Jasse de Cady pour prendre à droite le sentier qui redescend à travers la forêt sur l'abri Cicerola (1 383 m) puis passe devant le monastère de Saint-Martin-du-Canigou (1 055 m). On rejoint alors Casteil.

Remarque : il est possible depuis Les Cortalets, pour rejoindre le Canigou, de passer par la crête du Barbet. Cette solution beaucoup plus alpine emprunte, au niveau de la brèche Durier, une cheminée qui, sans nécessiter une technique d'escalade, réclame un peu d'attention et de l'équilibre. Du sommet, on choisira de redescendre en direction du pic Joffre (pour retrouver le

GR 10 et l'itinéraire présenté ci-dessus) ou de revenir sur la Porteille de Valmanya (2591 m). De ce point, il est possible de redescendre sur le refuge Arago pour rejoindre, par le tour du Canigou, le refuge Marialles. Cette solution écourte d'une journée ce circuit.

5ᵉ journée : Casteil (797 m) - col de Jou (1 125 m) - refuge de Marialles (1 718 m)

Dénivelée : 950 m

Horaire : 3 à 4 h

De Casteil, repartir sur un sentier balisé en rouge ; le remonter sur environ 5 kilomètres en passant devant deux bergeries (bien fermer les barrières) avant de rejoindre le col de Jou. On débouche à l'intersection de plusieurs sentiers venant de Py ou se dirigeant sur la tour de Goa. Virer à droite pour suivre une piste forestière. Passer à la source de Font Fréda ; par un sentier parallèle, remonter quelques lacets avant de franchir une crête (1 454 m) avant d'accéder au refuge.

Etape de transition qui permet de faire quelques courses à Vernet-les-Bains. Pour les gens autonomes, on peut continuer jusqu'au refuge de Plan Guillem (2 276 m, 10 places).

6ᵉ journée : refuge de Marialles (1 718 m) - col de Roc Colom (2 412 m) - Mantet (1 560 m)

Dénivelée : 850 m

Horaire : 8 à 9 h

De Marialles, se diriger au sud sur le sentier de la Haute-Route des Pyrénées, suivre ainsi une piste forestière abandonnée en coupant de temps à autre des lacets pour rejoindre en bifurquant à l'ouest le col de

Roquette (2 083 m). Reprendre une direction sud pour remonter en direction du refuge de Plan Guilhem, passer celle-ci et continuer vers le Pla Guilhem (2 300 m). On rejoint une nouvelle piste qui se dirige vers le sud-ouest vers la Collada del Vent (2 229 m). En la suivant versant nord, contourner la Collada des Roques

Face au Canigou, les orgues d'Ille-sur-Têt valent le détour.

Blanches (2 252 m), puis on retrouve un sentier toujours à gauche de la crête qui va passer tout le long des Esquerdes de Rotja (crête dentelée). On rejoint alors un col sous le Roc Colom ; laisser à droite le sentier qui file sur le col de Mantet pour continuer à flanc au-dessus du vallon de Pomarole. Passer à la frontière avec l'Espagne à la Portella del Callau (2 387 m). De là, en restant à peu près à courbe de niveau versant nord, rejoindre le Pla de Coma Armada, laisser à gauche le sentier qui mène à la Porta de Morens pour se diriger vers la Porteille de Mantet (2 412 m). Descendre rive gauche, passer une zone morainique

Vers le c

avant d'atteindre la baraque des Allemands (1 980 m). Continuer plein nord, franchir une zone marécageuse et le ruisseau de Bassibès. On retrouve le GR 10 qui traverse sous le roc de l'Alemany avant d'arriver sur deux passerelles que l'on franchit avant de remonter de 80 m sur le village de Mantet.

Remarque : longue traversée sans le couvert de la forêt. Il est donc conseillé de partir tôt le matin pour éviter les grosses chaleurs. D'autre part, cette zone est dangereuse en cas d'orage. Dans ce cas, ne pas hésiter alors à prendre les pistes qui descendent sur le col de Mantet et surtout ne pas rester sur les crêtes.

7e journée : Mantet (1 560 m) - pic de Très Esteles (2 099 m)- Souanyas (810 m)

Du village, remonter en coupant la route une série de lacets qui conduit au col de Mantet (1 761 m). De là, prendre plein nord et à flanc sous le Puig del Signor ; on monte doucement vers le point 2 044 m avant de redescendre d'une petite centaine de mètres sur le col de la Mente (1 949 m). Rejoindre alors le pic de Très Esteles. Par une crête, à la limite de la forêt, descendre vers le nord-ouest. Sous le pic de la Ségalise, le sentier bifurque et rentre dans la forêt de Coume Nègre. On vient croiser une piste avant de tomber sur une conduite d'eau puis se diriger depuis le col de la Llosa (1 195 m) vers le village de Souanyas et sur la gare située juste en dessous où l'on prendra le train jaune qui mène à Villefranche-de-Conflent.

e la Cirère, la montagne devient rugueuse.

PRATIQUE

Le tour du Canigou est une belle randonnée à la portée de la plupart des randonneurs. Traversant les Pyrénées Orientales, il permet de découvrir par des chemins relativement bien tracés plusieurs massifs. Conflent, Canigou, Très Esteles sont ainsi traversés par ce circuit qu'on peut réaliser entre 6 à 7 jours. Avec un climat agréable, cette randonnée semble facile. Toutefois, le Canigou peut réserver des surprises (ce fut notre cas). Montagne-belvédère, c'est aussi la montagne la plus haute de la région. Ainsi, il peut y faire gros mauvais alors que, sur la côte, règne le beau temps. La tramontane n'est pas non plus à prendre à la légère. Vent du nord puissant, s'il balaie le ciel, il a aussi la fâcheuse habitude de turbiner près des crêtes. Il devient alors aussi tumultueux que les Rugissants de Patagonie.
En conclusion, cette randonnée apparemment facile peut vous obliger à quelques changements de programme en cas de mauvais temps. Tenez-en compte dans votre programmation. Elle reste tout de même une belle approche des Pyrénées, dans ces décors fabuleux et sauvages, à quelques pas des plages surpeuplées.
A noter aussi que ce circuit nécessite un bon entraînement. Le Canigou étant la montagne ayant la plus forte dénivelée des Pyrénées, il faut monter avant d'en apprécier les beautés. Les deux premières étapes sont pratiquement les plus difficiles, car ce sont elles qui permettent de gagner de l'altitude.

Accès
En voiture par la célèbre autoroute A 9 qui part vers l'Espagne. Sortir à Perpignan Nord pour prendre la N 116 en direction de Prades. Le départ de la randonnée (Vinça) se trouve à quelques km de cette ville.
Retour depuis Vernet-les-Bains ou Olette par le train Jaune
- *par train* : ligne directe Paris-Perpignan, pour cette gare que Dali considérait comme le centre du monde puis autocar pour Vinça.

Matériel
Pour cette randonnée se situant essentiellement dans une zone tempérée, il n'est pas nécessaire d'avoir un matériel conséquent. Toutefois, de bonnes chaussures de randonnée sont recommandées et des vêtements coupe-vent sont nécessaires. Le pourtour du Canigou étant riche en cabanes, on peut aussi prévoir d'être complètement autonome. Dans ce cas-là, prévoir duvet et réchaud.

Saison
Cette randonnée ne dépassant pas les 2 800 m d'altitude peut s'envisager de la fin mai à la fin octobre. En début de saison, on peut toutefois rencontrer des névés sur le Canigou même. Se méfier du plein été qui peut être caniculaire.

Cartographie
Carte au 1/50 000e Canigou Vallespir-Fenouillèdes par les éditions Pyrénéennes. Pour être plus précis, cartes au 1/25 000e de l'IGN suivantes :
- 2449 OT Ceret/Amélie-les-Bains/Palada
- 2349 OT Prades/ Massif du Canigou

Bibliographie
Le topo-guide de la FFRP *Pyrénées Orientales GR 10 Mérens-Les-Vals - Banyuls-sur-Mer* permet de retrouver une partie de cet itinéraire.
Les topos *Pyrénées Orientales,* d'Alain Borg, Guide Franck 49 recoupent aussi certaines étapes.
- *Haute-Route des Pyrénées* de Georges Véron aux éditions Randonnees Pyrénéennes suit aussi une partie de ce trajet.
Enfin le guide Rando *Canigou (Vallespir-Conflent)* de Georges Véron aux éditions Randonnées Pyrénéennes.
Dans les ouvrages plus généralistes, à lire *L'Aventure du Canigou* de Joseph Ribas aux éditions Pyrénéennes
Les Grandes Pyrénées d'Alain Bourneton, éditions Glénat
Les plus belles Randonnées des Pyrénées, Jean-François Devaud, éditions Glénat

Numéros utiles
Météo, tél. : 08.36.68.02.56
Secours en montagne :
- PGHM, Osséja, tél. : 04.68.04.51.03
- CRS, Perpignan, tél. : 04.68.61.79.20

Renseignements divers
- Comité Départemental du Tourisme, Perpignan, tél. : 04.68.34.29.94
- Cimes Pyrénées, tél. : 05.62.90.09.92. Cet organisme peut vous renseigner sur toutes les randonnées des Pyrénées.

Hébergements
Gîte d'étape de Ballestavy, tél. : 04.68.05.93.78
Gîte d'étape de Batère, tél. : 04.68.39.12.01
Refuge des Cortalets, 85 places, (CAF), tél.: 04.68.96.36.19
Casteil, voir auprès du Syndicat d'initiative de Vernet-les-Bains pour les différents types d'hébergement, tél. : 04.68.05.55.35
Refuge de Marialles, 55 places, tél. : 04.68.96.22.90
Gîte d'étape à Mantet, Ranch la Cavale, tél.: 04.68.05.57.59
Gîte d'étape à Mantet, M. R. Cazenove, tél. : 04.68.05.60.99

Depuis la crête de Barbet, au pied du Canigou, le jour se lève sur la Méditerranée.

TOUR DE L'OISANS
LA RONDE SAUVAGE

Bienvenue au pays des lacs et des glaciers, bienvenue sur ce tracé qui flirte si souvent avec le Parc national des Ecrins, bienvenue sur ce tour de l'Oisans qui sent bon les hauts sommets et les belles rencontres.

Le lac Lérié, sur le plateau d'Emparis, av

Dans toutes les Alpes, aucun massif n'est sauvage, pur, rugueux comme le massif des Ecrins, répétait Gaston Rébuffat. Et pourtant ce grand guide connaissait les cimes sur le bout de ses semelles. Il avait traîné dans tous les recoins des verticales. Tous les bouts de rocher, de vallon, de cascade, il les avait explorés ; et pourtant, c'est entre Meije et Ecrins, entre Valgaudemar et Vallouise qu'il se sentait peut-être le plus à l'aise. Et s'il fit sa carrière à Chamonix, il n'est pas dit que lui, le méridional, n'eût pas éprouvé un penchant pour ces montagnes déjà ancrées au sud. Alors, cette grande boucle autour des grands pics de ce pays rugueux, il aurait sans doute aimé la faire, en compagnie de Pierre Gaspard ou de Michel Croz, les grands guides de la Meije ou des Ecrins. C'est cette piste-là que nous avons suivie. Celle d'un pays où s'enroulent les nuages, crépitent les orages, où la lombarde est toujours du voyage, les glaciers et les séracs prêts à vagabonder, les torrents complètement débridés. Et la grande boucle qui démarre dans le premier lacet de l'Alpe d'Huez conduit sur un beau crapahut. Pour marcher entre plateau d'Emparis, Guisane, Vallouise, Champsaur, Valgaudemar, Valbonnais, il faudra une âme de pénitent et accepter la rocaille. C'est sans doute à ce prix qu'on apprécie ce pays pur et rugueux.

e vue saisissante sur les faces Nord de la Meije et du Râteau.

Le plateau d'Emparis, un balcon sur la haute montagne

Voilà déjà la seconde journée que nous marchons. Un chocard fait entendre son cri caractéristique. Ça y est, nous venons de le repérer en haut d'un mélèze. Il se lisse les plumes, cligne de l'œil et s'envole vers le nord. D'un coup, il s'en vient presque cacher la Meije. Avec son caractère bien trempé, son indépendance et son habitude de flirter avec les cimes et les cumulus, il connaît par cœur ce haut pays. Peut-être avons-nous sous les yeux la réincarnation du père Gaspard, ce vieux paysan de l'Oisans qui fit de cette sommité nichée entre La Grave et La Bérarde son ultime défi ? Autour de ces montagnes organiques, le ciel est souvent pur. Ne sommes-nous pas sur une frontière climatique, humaine aussi. Et quand le ciel devient écarlate, l'accent chantant, on sait déjà que le sud n'est plus bien loin. En montant au plateau d'Emparis, nous traversons des prairies semées de gentianes jaunes, de renoncules des montagnes, d'aconits napel ou de vesces craccas d'un violet presque écarlate sur lesquelles les abeilles butinent avec frénésie. Plus loin, une colonie de lis Martagon occupe l'espace. Ses fleurs ressemblent à des turbans des mille et une nuits que la rosée ragaillardit chaque matin. Les marmottes ici se sentent chez elles. Ondulant du popotin, sifflant une note de musique stridente, elles regagnent leurs terriers au moindre danger. Nous soufflons un peu au lac Lérié. La vue est magnifique. Au premier plan, des campanules de Scheuzer ondulent au gré de la bise. Leurs robes bleutées dénotent sur les montagnes environnantes. Le spectacle est saisissant. Du glacier du Mont-de-Lans au Pavé, voici le domaine de la haute montagne. Le regard vient se perdre dans ces pentes de

Le versant nord de la Meije, royaume des alpinistes.

vertige, blanches et noires, reposant sur des épaules de granit et de gneiss. Les glaciers ont l'air de creuser des boulevards entre les parois. On est au paradis des verticales, et ce couloir verglacé qui zèbre la face Nord de la Meije lui donne l'allure d'un vieux pirate. A l'opposé, le plateau d'Emparis qui accueille chaque été plus de 10 000 moutons semble paisible. Ce ne fut pas toujours le cas. Pendant plus de six cents ans, le tumulte fut même de ce côté. Un proverbe gravarot affirme : "Qui troupeau a, guerre a !". Dès 1366, les trois communes qui le cernent se disputent des centaines d'hectares. La Grave, Mizoën et Besse vont tout tenter pour s'accaparer ces alpages. Tous les coups seront permis. Ainsi, un maire de Besse parti à un procès n'arrivera jamais à destination. Une autre fois, ce seront les gens de Mizoën qui déterreront, de nuit, les bornes marquant les limites de chacun et les replanteront, évidemment à leur avantage, oubliant toutefois un détail : sous chacune d'entre elles reposent des pierres cassées s'emboîtant parfaitement sur ces bornes. Il ne fut pas difficile au parti adverse de prouver la supercherie. Mais les contestations durèrent longtemps. Aujourd'hui encore, certaines parcelles portent deux limites fort différentes, selon que l'on se trouve du côté de La Grave ou de Besse.

Au col d'Arsine, on herborise autant avec le nez qu'avec les yeux

A saute-mouton, nous avons volé vers le col d'Arsine. Ici en ce début d'été, on herborise autant avec le nez qu'avec les yeux. Des parterres entiers de fleurs, des beautés minuscules rivalisent en couleur avec le seigneur des lieux : l'altière calotte des Agneaux. Puisqu'il est tôt, la vie animale semble encore suspendue et les niverolles que nous dénichons recomposent le ciel. L'ombre qui nous cache encore des lumières et des formes s'estompe. En descendant sur Le Casset, nous retrouvons les mélèzes. La forêt devient presque dense. Un bruit lourd et rapide. Peut-être un chamois qui regagne les hauteurs. De toute façon, c'est là-haut qu'il trouvera ces graminées tendres qui font son bonheur. Bientôt, nous pénétrerons en Vallouise, la porte d'entrée vers les hauts sommets. Le col de l'Eychauda franchi, voici l'une des vallées tournées vers la haute montagne. L'esprit des pionniers court encore sur le roc. Coolidge et surtout Whymper hantent les grandes parois. Whymper, qui vint un beau matin avec le guide chamoniard Michel Croz gravir la barre des Ecrins, le sommet emblématique de ce beau pays. Curieusement, le GR s'en approche peu. Il préfère explorer les vallons oubliés et s'intéresser aux histoires d'en bas, comme celle de Vallouise dont l'architecture est typique. Ces grandes maisons aux arcades imposantes, aux soubassements qui abritent écurie et étable ne sont pas sans rappeler les bâtisses que l'on retrouve vers Suze, de l'autre côté du col de Montgenèvre, en Italie. Voûtes en plein cintre avec appui sur les murs latéraux et voûtes d'arêtes sont autant d'invitations pour que le soleil pénètre. Imaginées par des maçons lombards venus du temps de la république des Escartons au XIVe siècle, elles s'égrènent de l'ubac à l'adret dans cette vallée qui, avant de s'appeler Vallouise (en l'honneur de louis XI), se dénommait *Valpute* de *putea* : *creuse* ou *difficile*. Une dénomination qui, même en vieux français, prêtait à sourire.

Mais nous n'avons pas le temps de nous attarder dans l'éclat des jours d'été, ni même de lézarder contre ses parois qui captent la chaleur. Il faut reprendre la piste et venir traîner sous Chanteloube. L'aube évanescente permet de drôles de rencontres. Comme cet éterlou qui batifole sur un névé. Il plante ses sabots, freine brusquement, dérape maladroitement, effectue une culbute et, malgré ses gestes désordonnés, se récupère comme un chef. Ici, les chamois sont rois. Et leurs petits ont le plus beau champ d'expérimentation, la montagne à eux tout seuls.

Le Valgaudemar et sa poésie sévère

Déjà le col de l'Aup-Martin, le bout du Champsaur, puis le Valgaudemar. Sur cet envers des Ecrins, nous croisons d'autres randonneurs. Eric et Anne sont tout spécialement amoureux de cette vallée taillée en auge par les glaciers, sans grande déclivité. C'est l'un des derniers repaires d'une montagne qui refuse les compromissions.

Parc National des Ecrins

Plus grand parc national français avec une superficie de 91 800 hectares, il chevauche deux départements : l'Isère (33 900 hectares) et les Hautes-Alpes (57 900 hectares), avec une zone périphérique de 177 400 hectares qui couvre les vallées de la Guisane, de la Durance, du Drac, de la Séveraisse, de la Malsanne, du Vénéon et de la Romanche. Il fut officiellement créé le 27 mars 1973. Mais dès le début du siècle, en fait en 1913, à l'initiative de Mr. Mathey, alors conservateur des Eaux et Forêts, était préservé un premier site autour du Pelvoux qui, mordant sur le haut Vénéon et le Valgaudemar, devait prendre le nom de Parc National du Pelvoux. Par la suite, le classement du massif de la Meije en 1930 ne pouvait que renforcer cette idée et cette zone centrale à faible densité de population devint sans trop de problèmes le cinquième parc national. Considéré comme le parc européen de la haute montagne avec plus de 12 000 hectares de glaciers et un sommet emblématique – la Barre des Ecrins qui culmine à 4 101 m – c'est sans doute l'un des plus sauvages. Aujourd'hui, plus de quarante gardes répartis sur 7 secteurs tentent de préserver ce monde sauvage.

Du plateau d'Emparis, le versant nord de la Meije, avec, à droite, la brèche du même nom.

8 - TOUR DE L'OISANS, LA RONDE SAUVAGE

Il faudrait des mots authentiques pour dire ses chemins, réciter ses villages. Beaucoup d'alpinistes tombèrent sous son charme, à commencer par Lionel Terray qui y fit en 1942 son stage de chef de cordée à *Jeunesse et Montagne*. Dans *Les conquérants de l'inutile*, il décrivait ainsi la vallée : "*Au village de la Chapelle-en-Valgaudemar, la route goudronnée et quelques petits hôtels formaient l'avant-garde du monde moderne (...). Au fur et à mesure que l'on remontait dans la vallée, les traces de la civilisation s'effaçaient à chaque pas. Tout au fond, le vallon du Rif-de-Sap, accroché entre deux couloirs d'avalanche, connaissait une vie plus primitive que bien des villages de l'Himalaya. Cette nature sauvage et cette vie rustique du Valgaudemar dégageaient une poésie sévère. Dès les premiers jours, je fus profondément pénétré par le charme au goût âpre de cette terre du bout du monde*". Et n'allez pas croire qu'elle a tellement changé, même si les toits de chaume ont disparu depuis peu. Pour la quitter, il faudra reprendre le chemin de l'altitude. Passer alors ces déserts gris, qui, entre éboulis, soleil de midi, parois sans nom, ont installé leurs longs serpentins. Ici, on souffle, on sue, le corps se met à tanguer et les derniers virages pour rejoindre le col de la Vaurze se font presque au ralenti. Le Désert-en-Valjoufrey puis le col de Côte Belle marquent une nouvelle étape. Reste encore à découvrir les lacs, Muzelle et Lauvitel en tête. Un aigle plane et se délecte du paysage. C'est ici que toutes les histoires d'eau convergent. Avant même que torrents, cascades, rivières viennent entamer leurs symphonies, la Muzelle au pied d'une étrange cargneule déploie ses couleurs vertes. On a envie d'y faire une pause. Dans mon cas pour me rappeler que mes propres histoires de montagne ont débuté ici, alors que gamin, je partais taquiner la truite arc-en-ciel, au demeurant peu vivace dans ces eaux légèrement froides et pas assez oxygénées.

Il faut encore venir au col du Vallon, jeter quelques pierres dans le Lauvitel et sans doute jouer avec deux ou trois marmottes particulièrement familières, mais le charme est en train de se rompre. Voilà la fin du parcours et on regagne la vallée. Alors que nous redescendons sur Bourg d'Oisans, je retrouve Gaston Rébuffat, l'indémodable Gaston, qui avait su avec une justesse incroyable faire chanter les monts. Dans son introduction des *100 plus belles courses des Ecrins* , il écrivait : "*C'est un paradis sauvage fait pour le bonheur des hommes, des fleurs et des bêtes. Ici, on marche, on grimpe, on respire, on regarde, on écoute le silence, on entend vivre la nature en toute liberté...*

Ce massif des Ecrins, appelé aussi, non sans raison, massif du Haut-Dauphiné, est extraordinairement riche : de sa pauvreté, de sa nudité, de sa rudesse, de sa sauvagerie. La vraie richesse, c'est de donner le bonheur,

Le col d'Arsine au début de l'été.

de procurer l'émerveillement. Il aide à naître, à grandir, à aimer, à comprendre. Il dit que certaines choses, magnifiques, merveilleuses, toutes simples, sans détour existent. Comme aux premiers jours...". Dans ce simple périple entre lacs, pierriers, villages, animaux à plumes ou à poils, hommes, nous avons eu le sentiment d'approcher cette belle définition, toute simple et tellement lumineuse.

Itinéraire

1ère journée : Bourg D'Oisans (717 m) - col de Sarenne (1 999 m) - Besse (1 536 m)

Dénivelée : 1 600 m environ

Horaire : 7 à 8 h

Le GR débute à la sortie de Bourg d'Oisans, sur la route Départementale 91 qui file en direction de l'Alpe d'Huez. Entre un camping et la centrale EDF, repérer un sentier qui part sur la droite et qui monte à côté de la cascade de Sarenne. Traverser ainsi le hameau de La Ville, puis couper à travers la forêt de Maronne avant de rejoindre Le Châtelard (1 448 m). Dépasser le hameau de Maronne, puis celui du Rosay. On rejoint vers 1 424 m, le torrent de Sarenne que l'on traverse pour remonter sa rive droite en direction de l'auberge de Combe Haute (1 600 m) et le chalet du Sella (1 830 m). On reste en fond de vallée, et, par une route, on atteint le col de Sarenne. De là, descendre versant est d'abord par la route avant de retrouver un sentier qui conduit à Clavans-le-Haut (1 396 m), puis à Clavans-le-Bas (1 365 m). Près d'un café, retrouver un chemin balisé qui mène au Moulin. Par un sentier raide, on rejoint Besse.

Remarque : pour cette première étape, censée mettre en jambe, on peut partir d'Huez (atteint par bus ou voiture), ce qui écourtera l'étape de presque 800 m et d'environ 2 h 30 de marche.

2e journée : Besse (1 536 m) - col du Souchet (2 365 m) - Villar d'Arène (1 650 m)

Dénivelée : 860 m environ

Horaire : 7 à 8 h.

Sans doute l'une des étapes les plus ouvertes, avec un panorama à couper le souffle. Remonter au nord-est vers les granges du Gay (1 568 m) par une route pastorale. La quitter en ce point pour se diriger vers le col Nazié (1 902 m). On continue à monter pour atteindre le chalet Jasserand (2 244 m). A travers les alpages, redescendre à la confluence de plusieurs torrents (2 200 m). Remonter alors sur le col du Souchet marqué par un gros cairn. De là, partir vers le sud pour atteindre les lacs Noir et Lérié (2 408 m). Une boucle ramène sur le sentier principal qui descend en pente douce sur le chalet de la Loge (2 160 m). Le sentier change d'orientation pour suivre la courbe de niveau avant de rejoindre Pré Veyraud. Par une série de lacets, on dévale alors sur Le Chazelet (1 786 m), puis Les Terrasses avant de rejoindre La Grave (1 474 m). De là, franchir la Romanche et, par un sentier à flanc, atteindre Villar d'Arène.

La cascade de Sarenne, première beauté naturelle de ce tour de l'Oisans.

3e journée : Villar d'Arène (1 650 m) - col d'Arsine (2 376 m) - Le Casset (1 512 m)

Dénivelée : 720 m

Horaire : 5 à 6 h

Se diriger vers le fond de la vallée jusqu'à ce que celle-ci forme un verrou. On est au pas d'Anna Falque (1 765 m). Remonter quelques lacets raides avant de rejoindre le bord de l'alpage de Villar d'Arène. Sur le replat, on croise le sentier des Crevasses venant directement du col du Lautaret. Continuer sous la Casse Couratelle pour descendre légèrement vers le rif de la Planche avant de remonter de quelques mètres sur le refuge de l'Alpe de Villar d'Arène (2 079 m). Se diriger en direction de la montagne des Agneaux qui domine le site. En coupant de nombreux petits ruisseaux, on atteint un replat puis, grâce à quelques lacets, le col d'Arsine. On perd de l'altitude à travers des pierriers pour rejoindre le vieux chalet d'Arsine (2 230 m). Une série de lacets conduit à droite du lac de la Douche (1 901 m). On pénètre par la suite dans une très belle forêt de mélèzes dominée par le couloir Davin. Après avoir traversé la Guisane sur un vieux pont, on rejoint Le Casset.

Remarque : on peut aussi venir par le sentier des Crevasses qui part du col du Lautaret. C'est un endroit où l'on est sûr de croiser des chamois. Aérien, traversant des grandes pentes de schistes, il est réservé à des randonneurs sachant évoluer sur un terrain alpin.

Le Voile de la Mariée dans le Valgaudemar.

4e journée : Le Casset (1 512 m) - lac de l'Eychauda (2 516 m) - Vallouise (1 166 m)

Dénivelée : 1 180 m

Horaire : 8 à 9 h

Rejoindre d'abord Le Monêtier-les-Bains, puis remonter la route du Grand Tabuc. Dans un carrefour et par un chemin forestier, rejoindre la chapelle de Charvet (1 608 m). Traverser une belle forêt de mélèzes pour passer sous la crête des Lauzières ; on vient longer le torrent de la Selle au Tronchet. On sort de la forêt près d'une intersection de téléskis et à côté d'un restaurant d'altitude. De là, prendre au nord en direction du pas de l'Ane (2 492 m) avant de passer le col des Grangettes (2 685 m). Une courte descente un peu raide amène au lac de l'Eychauda, l'un des plus beaux des Ecrins. Pour descendre, passer le verrou glaciaire et, par une série de lacets, gagner le fond du vallon de Chambran coincé entre deux barres rocheuses. Plus bas, on s'en vient longer le torrent de l'Eychauda avant de passer devant une cabane (1 860 m). Quelques lacets ramènent sur le GR qui reprend une piste jusqu'aux chalets de Chambran (1 719 m). De là, on descend sans difficulté jusqu'à Vallouise en devant marcher sur la route qui relie Ailefroide à Vallouise (il est aussi possible de passer par les hameaux).

Remarque : sans doute la moins belle étape de ce circuit, surtout si on ne passe pas par le lac de l'Eychauda qui, bien que rallongeant de 2 h 30, offre un paysage à la hauteur de ce tour de l'Oisans. Dommage que la présence des remontées mécaniques nuise à cette grande ambiance.

5e journée : Vallouise (1 166 m) - col de l'Aup-Martin (2 761 m) - refuge du Pré de la Chaumette (1 790 m)

Dénivelée : 1 600 m

Horaire : 9 à 10 h

Sans doute l'une des étapes les plus sévères de ce tour de l'Oisans. Nous vous conseillons de partir de bonne heure pour effectuer quelques pauses salutaires. D'autre part, renseignez-vous sur l'état du col qui, en début de saison ou par fort enneigement ou même mauvais temps, peut être difficile à franchir.

Partir vers l'ouest à flanc à travers une belle forêt pour passer vers le pont des Places (1 245 m). Continuer à longer la Gérendoine pour atteindre le replat du Prat de Clot (1 500 m). Traverser le torrent, pour rejoindre Entre-les-Aigues (présence d'un pluviomètre). Franchir le torrent des Bans et progresser au pied de trois cascades qui conduise au vallon de Malamort. Rejoindre alors la cabane du Jas Lacroix (1 946 m). Les pentes perdent un peu de leur raideur. Continuer à monter ; vers 2 010 m, on commence à apercevoir le col. Traverser le torrent de Canteloube pour accéder à un petit plateau, "l'Ale" (2 116 m). De nouveau un raidillon, puis un autre plateau, le "Champ Rond". Les lacets se raccourcissent et on atteint le haut du ravin de la Saume (2 510 m). On s'en vient alors rejoindre une cuvette qui se raidit de plus en plus à l'approche du col. De ce point, descendre légèrement vers le sud-ouest sous le pic de la Cavale pour accéder au pas de la Cavale (2 734,9 m). Par de larges vires entre des barres rocheuses, descendre par de nombreux lacets en direction de la cabane de Rougnoux (2 076 m). On continue à perdre de l'altitude pour finalement rejoindre le refuge du Pré de la Chaumette appelé aussi refuge de Champoléon (1 790 m).

6e journée : refuge du Pré de la Chaumette (1 790 m) - col de la Valette (2 668 m) - La Chapelle-en-Valgaudemar (1 167 m - voiture) - Villar-Loubière (1 033 m)

Dénivelée : 1 050 m environ

Horaire : 6 à 8 h

Partir du refuge en direction du nord-est, passer dans un amas de gros blocs avant de s'élever dans le vallon de La Pierre. Changeant plusieurs fois d'orientations, par des lacets serrés, on rejoint le col de la Valette. Descendre légèrement par des éboulis schisteux en direction d'un petit lac situé au centre du vallon de Gouiran. On le traverse vers l'ouest pour atteindre le col de Gouiran (2 597 m). Perdre alors une centaine de mètres pour atteindre le vallon plat. Par un grand pierrier, remonter alors en direction du col de Vallonpierre (2 607 m). Par des pentes raides schisteuses et glissantes, rejoindre un petit cirque puis un alpage et le lac de Vallonpierre. Le refuge de Vallonpierre (2 280 m) permet de découvrir les grands sommets du Valgaudemar (le Sirac, les Rouies, les Bans...). Le sentier descend à travers aulnes et myrtilles. Au point 1 698 m, on traverse le torrent du Vallon Clot sur une passerelle. Rejoindre alors sans difficulté la cabane de Surette (1 648 m). De là, descendre à flanc par le sentier du Ministre vers le refuge-hôtel du Gioberney (1 622 m). Ensuite, nous vous conseillons de faire du stop pour rejoindre Villar-Loubière (Dans le cas où vous désireriez effectuer ce circuit intégralement à pied, compter une étape supplémentaire).

Remarque : les trois cols à franchir, très alpins, ne peuvent l'être par fort enneigement ou alors par des randonneurs aguerris et équipés de piolets.

La célèbre cargneule qui domine le lac de la Muzelle.

7ᵉ journée : Villar-Loubière (1 033 m) - col de Vaurze (2 498 m) - Le Désert-en-Valjouffrey (1 255 m)

Dénivelée : 1470 m

Horaire : 8 à 9 h.

Du village, suivre le sentier qui surplombe le torrent du Villar, rive gauche. Passer sans difficulté le torrent du Lautier et s'élever au milieu des éboulis, par des lacets en direction d'une barre rocheuse. Sous celle-ci, laisser à gauche le sentier qui monte directement au refuge des Souffles. Traverser le bois de Champat puis passer à portée de la cabane du Lautier (1 905 m). Laisser alors à droite le sentier qui monte sur le col des Clochettes pour suivre un sentier à flanc qui mène au refuge des Souffles (1 975 m). Repartir à flanc en coupant de nombreux petits ravins creusés par les torrents. Au niveau de Périnon, prendre une série de lacets, rejoindre un nouveau plateau puis un terrain d'éboulis qui conduit au col de Vaurze.

De là, descendre une pente raide d'éboulis, généralement en son centre (par temps de pluie, risque de chutes de pierre, se méfier). Rejoindre la cabane des Echarennes (1 888 m) en ruine, puis descendre en direction d'une barre rocheuse. Bien suivre le balisage pour ne pas s'égarer et ne pas se retrouver dans des barres rocheuses qui nécessiteraient de l'escalade. Atteindre un nouveau pierrier puis un alpage. En traversant le pont de la Bonne, on atteint Le Désert-en-Valjouffrey.

8e journée : Le Désert-en-Valjouffrey (1 255 m) - col de Côte Belle (2 290 m) - Valsenestre (1 295 m)

Dénivelée : 1 040 m

Horaire : 5 à 6 h

Sortir du village en remontant rive droite le torrent de la Laisse. On remonte alors le vallon qui suit, pour passer à côté d'anciennes ardoisières, puis on passe dans la combe des Marmes avant de remonter par des lacets en direction des derniers pâturages. On aperçoit deux cols caractéristiques ; prendre celui de gauche que l'on rejoint sans difficulté. Voici le col de Côte Belle. Descendre ensuite par de nombreux lacets sur un terrain schisteux (s'en méfier en cas de pluie) où l'on découvrira des ardoises conséquentes. Au moment de la floraison, on peut admirer de superbes ancolies des Alpes. Plus bas, à 1 490 m, on tombe sur la bifurcation qui conduit au col de la Muzelle, l'autre branche se dirige sur Valsenestre ; descendre alors en moins d'une demi-heure sur le hameau.

Marmotte familière au Lauvitel.

Remarque : pour des randonneurs aguerris, on peut éventuellement enchaîner par le col de la Muzelle et descendre dans la journée sur le Bourg d'Arud. Mais cela fait une étape avec plus de 2200 m de dénivelée pour conclure ce tour de l'Oisans.

9e journée : Valsenestre (1 295 m) - col de la Muzelle (2 625 m) - Lauvitel (1 513 m) - La Danchère (991 m)

Dénivelée : 1750 m

Horaire : 8 à 9 h

Du gîte d'étape, remonter en direction du croisement entre les itinéraires des cols de Côte Belle et de la Muzelle à 1 490 m. De là, partir à gauche et remonter vers les ruines de la cantine des Carrières (1 635 m). Suivre le sentier à flanc de pente et rejoindre la cabane du Ramu (2 185 m) puis, toujours à flanc, venir traverser le ruisseau des Combes avant d'aborder les dernières pentes raides et glissantes du col de la Muzelle (se méfier de ce raidillon en cas de pluie ou s'il y a un névé). On rejoint alors le col. Par une petite traversée descendante puis droit dans la combe au milieu des éboulis, rejoindre le lac et le refuge de la Muzelle où l'on peut faire une halte. Si l'on est fatigué, on peut descendre directement de là sur le Bourg d'Arud.

Pour boucler ce beau périple, nous vous conseillons de monter au col du Vallon (2 541 m) en prenant le sentier à gauche au niveau du déversoir et qui s'en vient longer le pied de la tête de la Muraillette. Une série de lacets mène au col puis la descente s'effectue d'abord à travers les alpages jusqu'à la cabane de l'Embernard avant de s'engager dans des gorges. On descend ensuite des petites barres rocheuses (faire attention à ne pas envoyer des cailloux) pour aboutir alors à la rive droite du Lauvitel, l'un des plus beaux lacs des Ecrins et le plus grand. Puis un très bon sentier conduit sans difficulté à La Danchère (991 m), terme de notre tour de l'Oisans.

Le refuge de Vallonpierre.

Sous le col de Vallonpierre, versant Valgaudemar.

8 - TOUR DE L'OISANS, LA RONDE SAUVAGE

PRATIQUE

Généralités
Le tour de l'Oisans nécessite entre 7 et 12 jours. C'est une randonnée qui passe par des cols situés en haute altitude et permet de découvrir différents types de paysages. Plateaux ouverts comme Emparis, vallées enclavées comme le Valgaudemar, lacs d'altitude comme la Muzelle, sommets prestigieux comme la Meije, sites préservés comme le Valjouffrey ; la liste est longue et les surprises aussi. Toutefois, ce GR 54 se déroule sur un terrain que l'on peut qualifier de "montagne". C'est sans doute, avec le GR 20, l'un de ceux qui rudoie le plus. Il faut avoir le pied sûr et être bien entraîné pour l'apprécier, car les dénivelées peuvent être conséquentes. Par temps d'orage ou d'intempéries prononcées, certains secteurs sont à éviter. N'hésitez pas à renoncer à une étape si les conditions météo ne sont pas excellentes. Enfin, la neige peut gêner en certains endroits, surtout à l'approche de certains cols raides (Aup-Martin, la Muzelle...). Ce circuit est donc réservé à des randonneurs expérimentés qui savent lire une carte, utiliser une boussole et sauront s'adapter aux situations les plus difficiles.

Accès
En voiture : de Grenoble, rejoindre Bourg d'Oisans par la Nationale 91.
Par train : gare SNCF à Grenoble ou Briançon, puis liaison par bus jusqu'à Bourg d'Oisans. On rejoint en quelques centaines de mètres le départ du GR qui se situe à la sortie de Bourg D'Oisans.

Saison
Certains cols restent enneigés assez tard. Cet itinéraire, dans le cadre d'une randonnée pédestre doit être envisagé de fin juin à la fin septembre. Si on veut éventuellement le parcourir plus tôt, prévoir crampons, piolet et éventuellement corde pour une randonnée qui devient alors alpine.

Matériel
On peut recommander l'usage de bâtons télescopiques qui soulageront les genoux dans les descentes.

Bibliographie
- D'abord l'incontournable topo-guide de la FFRP, *Tour de l'Oisans GR 54-541* qui est le complément idéal à ce livre.
- *Parc National des Ecrins, chemins de lumières,* Bertrand Bodin, Jean-Pierre Spilmont, éditions Milan.
- *Voyage dans les paysages des Alpes, Les Ecrins,* J.-P. Nicollet, éditions Glénat.
- *Les cols du Parc des Ecrins,* Jean-Pierre Nicollet, éditions Glénat
- *Gaspard de la Meije,* Roger Canac, Presses Universitaires de Grenoble.
- *Le Grand Oisans Sauvage,* Samivel, Arthaud
- L'Oisans, Gabrielle Sentis

Cartographie
- Carte au 1/50 000e n° 6 Massifs des Ecrins - Haut Dauphiné, Editions Didier Richard (pour une vue générale).
- Cartes au 1/25 000e de l'IGN :
3335 ET Le Bourg d'Oisans - l'Alpe d'Huez - Grandes Rousses
3435 ET Valloire - Aiguilles d'Arves - Col du Galibier
3336 ET La Mure - Valbonnais
3436 ET Meije - Pelvoux - PNE
3437 ET Orcières - Merlette - Sirac - PNE
3437 OT Champsaur - Vieux Chaillol - PNE

Numéros utiles
Météo : - Grenoble : 08.36.68.02.38
- Briançon : 08.36.68.02.05
Secours en montagne :
- Isère : 04.76.79.51.00
- Hautes-Alpes : 04.92.21.08.83

Renseignements
Comité Départemental du Tourisme de l'Isère, tél : 04.76.54.34.36
Comité Départemental du Tourisme des Hautes-Alpes, tél : 04.92.53.62.00
CIMES (SVP Montagne), tél : 04.76.54.34.36
Maison du Parc National des Ecrins à Vallouise, tél : 04.92.23.32.31

Hébergements
Cette liste prend en compte les étapes ainsi que les différents refuges que vous croiserez sur votre trajet et qui peuvent être autant d'étapes intermédiaires. Pour les communes, nous vous renvoyons sur les offices du tourisme qui sauront vous orienter en fonction de vos besoins et de vos envies.
- Bourg d'Oisans, OT, tél : 04.76.80.03.25
- Besse, 2 gîtes d'étape, Le Sarret, tél : 04.76.80.06.22 ou gîte d'étape chez Mr. Hustache, tél : 04.76.80.06.58
- Villar d'Arène, gîte la Lochette, tél : 04.76.79.94.28
- Le Casset, gîte d'étape, tél : 04.92.24.45.74 ou 04.92.24.46.81
- Le Monêtier, OT, tél : 04.92.24.98.99
- Vallouise, OT, tél : 04.92.23.36.12
- Refuge du Pré de la Chaumette, tél : 04.92.55.95.34

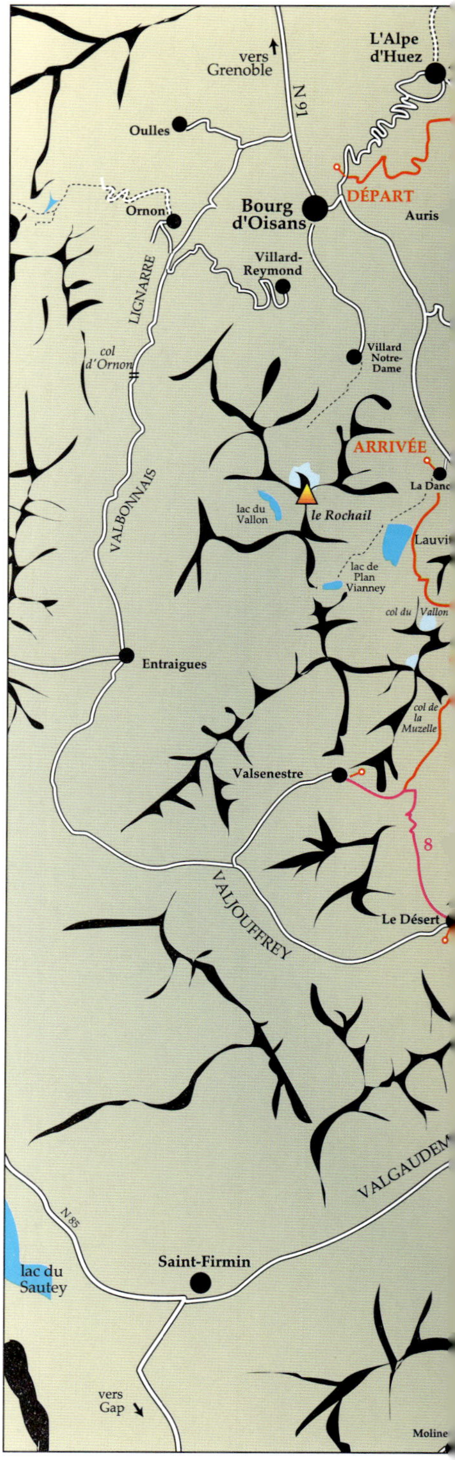

- La Chapelle-en-Valgaudemar, Syndicat d'initiative, tél : 04.92.55.23.21
- Le Désert-en-Valjouffrey, refuge et restaurant (30 places), tél : 04.76.30.22.25 ou 04.76.30.27.01 ou gîte d'étape, tél : 04.76.21.45

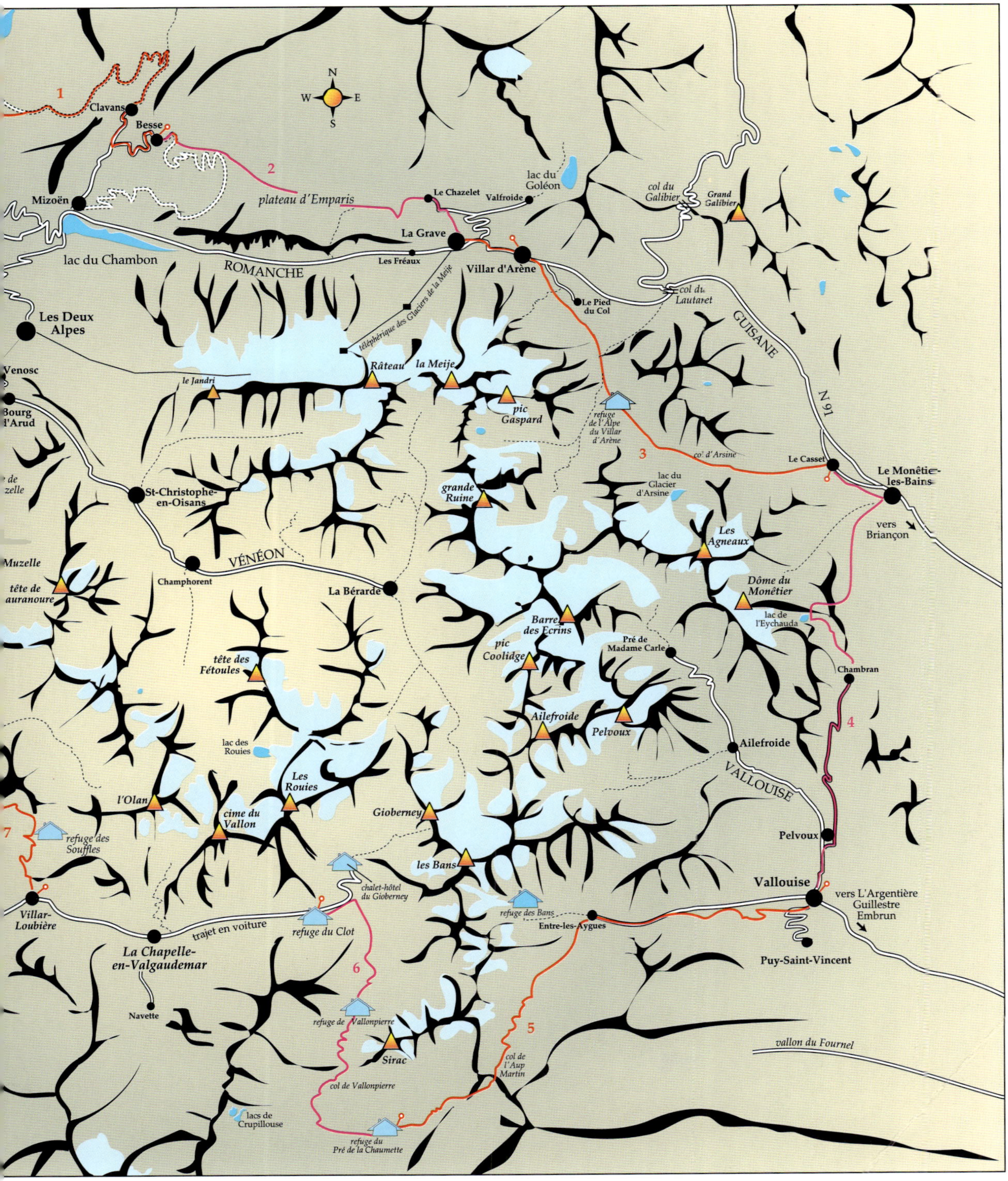

- Valsenestre, gîte d'étape, tél : 04.76.30.20.88
- Refuge de la Muzelle, tél : 04.7680.06.94

Refuges intermédiaires :

- Refuge du Plateau d'Emparis, tél : 04.76.80.24.11
- Refuge des Clots, tél : 04.76.80.03.10
- Refuge du Fay, tél : 04.76.80.24.12
- Refuge des Moutères, tél : 04.76.80.24.05
- Refuge de l'Alpe de Villar d'Arène, tél : 04.76.79.94.26
- Refuge de Vallonpierre, tél : 04.92.55.27.81
- Refuge de Charbounéou, tél : 04.92.55.27.80
- Refuge du Clot, tél : 04.92.55.27.90
- Refuge des Souffles, tél : 04.92.55.22

MERCANTOUR
LE PAYS DES MERVEILLES

Située au bout de l'arc Alpin, cette région mérite largement le détour. Entre loups, sorciers, gravures rupestres, c'est un chemin merveilleux qui conduit des Alpes jusqu'à la mer et qui souvent marque la fin d'un beau voyage.

Le Mercantour, le massif le plus méridional des Alpes, le plus mystérieux aussi. Chargé d'histoires, il est encore bercé par les mythes et la magie. Et aujourd'hui, on ne sait plus trop qui, du célèbre sorcier, figure emblématique de la vallée des Merveilles, ou du loup, symbolise le plus ce territoire d'infini. A 80 kilomètres au-dessus de Nice, ces derniers frémissements géologiques qui appartiennent bien à l'arc Alpin sont un site incontournable pour les arpenteurs de sentiers. Au cœur du parc national du même nom, né en 1979 à cheval entre Alpes-Maritimes et Alpes-de-Haute-Provence, s'étendant du col de Tende (un des plus grands cols des Alpes) jusqu'à l'Ubaye, cette région a de quoi surprendre les randonneurs. Grâce au GR 52, qui se sert de ce massif comme tremplin, il offre les avantages des Alpes et de la Méditerranée. On y retrouve tous les étages de la végétation, de l'olivier à l'épicéa, du genêt au sabot de Vénus, et on pourrait presque dire du chamois à la sardine puisque le GR 52 s'en vient mourir à Menton.

La Baisse de Valmasque et le lac du Basto.

Etrange que l'ensemble de cette région s'appelle du nom d'un sommet secondaire : le Mercantour ; car, à y regarder de plus près, on peut se demander pourquoi le parc et le massif ne s'appellent pas du nom de la cime principale : le Gélas qui, du haut de ses 3 143 m, détrône tous les autres postulants. Mais tout tient dans l'histoire. Pendant longtemps, le Mercantour n'a été qu'un sommet dont l'altitude exacte est de 2 772 m et que l'on estimait, à tort comme le plus élevé des Alpes-Maritimes. Etymologiquement, *Mercantour* signifie *la limite, la borne*. Et il est vrai que cette montagne qui sépare les versants niçois et piémontais appartient à cette barrière orographique. Ce terme, appliqué à un point précis, a ensuite désigné tout le massif et tout le versant français. Puis en 1979, il a été repris par le dernier-né des sept parcs nationaux français. Un nom qui fut d'autant plus facilement adopté qu'avant la création de cet espace protégé, cette région montagneuse de l'ancien comté de Nice ne portait pas de nom. On la rattachait, selon l'endroit où l'on se trouvait, à une vallée : la Vésubie, la Roya ou la Tinée. Comme pour le littoral, qui attendit l'arrivée des premiers touristes, avant d'être baptisé Côte d'Azur.

Sur les pas des contrebandiers et des démons

Notre randonnée démarrait au Boréon, en Vésubie, au pied même de la Courgoude, une belle paroi qui attire chaque année de nombreux grimpeurs. Pour la plupart des randonneurs, ce premier cheminement n'a rien de déconcertant : des belles parois, des forêts d'épicéas ou de mélèzes, des cols haut perchés. Il sent que l'on reste dans la continuité de ces Alpes tentaculaires. Les plus curieux peuvent éventuellement se demander d'où vient ce nom de pas des Ladres qui permet de basculer sur la Madone de Fenestre. Comme dans beaucoup de régions, et tout spécialement ici où les frontières furent mal définies et contestées jusqu'en 1947 (Tende ne fut rattaché à la France qu'après le second conflit mondial), ce fut le royaume des contrebandiers. Dans le patois local, *ladres* signifie justement contrebandiers. Rentrant d'Italie, ils avaient pris l'habitude de longer la cime de Fenestre, puis ce pas qui garde leurs traces, pour rejoindre le Boréon en évitant soigneusement le poste de douane de la Madone de Fenestre. Reprenant en sens inverse le chemin de leurs pérégrinations, nous avons dépassé le refuge de Nice avant de nous offrir une variante sauvage dans le vallon de la Fous. Petit à petit, nous rentrions dans le mystère, voici le Valmasque et son refuge. Valmasque qui vient de *Valmasca,* le val de la sorcière. Le mont Bégo n'était pas loin et progressivement, on se laissait gagner par la puissance des lieux. Robert Zartarian, le truculent gardien du refuge, n'avait pas besoin d'en rajouter et la sorcière Revelli, présente sur les crêtes de la cime du Diable, ou plus loin le mont du Frisson, rappellent qu'avant d'être attractives, les montagnes furent des lieux maudits, comme partout dans les vallées alpines. Au bout de trois jours, nous approchions de l'épicentre de notre périple. Avec leurs camaïeux de bleu, de vert ou de gris, les lacs du Mercantour comme les lacs Vert, Noir ou du Basto avaient beau colorer les hauts pâturages et égayer les cirques rocheux, nous avions hâte de franchir la Baisse du Basto et de découvrir ces traces millénaires. Cette échancrure franchie, nous avons basculé dans cette vallée suspendue à 2 200 mètres, au pied du mont Bégo. Tout de suite, les traces sont apparues, disséminées, menaçantes, curieuses. Et même si désormais, il est nécessaire d'être encadré pour rendre visite aux plus célèbres d'entre elles (trop de visiteurs ont dégradé les lieux avec des graffitis !), on ne sait plus où donner des yeux. Les plus anciennes gravures de ce musée à ciel ouvert datent de la fin du néolithique (vers 2500 ans avant J.-C.), les plus récentes de l'âge de fer (700 ans avant J.-C.), la principale période d'activité du site s'étant essentiellement déroulée entre 2000 et 1500 ans avant Jésus-Christ. Les scientifiques s'accordent sur le fait que ces 100 000 gravures uniques au monde ont été dessinées par des agriculteurs et des bergers montés dans cette zone pour échapper à une sécheresse particulièrement active entre 1800 et 1250 avant J.-C. Pourquoi choisir ce coin, au pied du mont Bégo ? Sans doute parce que, depuis des temps reculés, les montagnes sont des lieux sacrés, des lieux de communication entre la terre et le ciel, tout particulièrement ce sommet riche en fer, cuivre, plomb, zinc et même en uranium qui dérègle les boussoles et attire la foudre. Et puis, il suffit d'examiner les roches, polies, lissées par les glaciers du quaternaire : elles ont laissé apparaître des oxydes de fer aux couleurs attractives : orangé, ocre rouge, rose saumon. Toute une palette

Le retour du loup

Depuis novembre 1992, date des premières observations au cœur du Mercantour, le loup semble s'être réellement implanté dans cette région constituée de nombreuses vallées encaissées et souvent difficiles d'accès. Il semblerait que les premiers individus (2 au départ) aient migré depuis la chaîne des Appenins en Italie où l'on en compte actuellement plus de 400. Depuis cette date, on estime que plus d'une vingtaine de loups sont présents dans la région, répartis en deux ou trois meutes. Des signes montrent que le loup est en train de recoloniser l'espace alpin. Un loup a été aperçu dans les Hautes-Alpes, un autre a été tué dans le val Ferret suisse.

D'un poids oscillant entre 25 et 40 kg pour le mâle, regroupés en meutes comptant jusqu'à vingt individus, les loups sont extrêmement hiérarchisés avec, à leur tête, un couple dominant. Seule la louve dominante met bas au printemps. Elle peut donner naissance à une portée de 4 à 8 louveteaux. Animal infatigable, il peut couvrir dans une seule journée des étapes considérables, parfois plus de 60 kilomètres. Protégé par la convention de Berne, il est néanmoins au centre d'une polémique qui l'oppose aux éleveurs. Nombreux dans cette région, ceux-ci lui reprochent d'avoir égorgé 2000 moutons depuis son apparition.

Il est sans danger pour l'homme et les randonneurs ont peu de chances de le rencontrer, sauf par mauvais temps et hors des sentiers fréquentés.

Dans la vallée des Merveilles, sous le mont Bégo.

Le refuge de Valmasque au lever du jour.

Chouette de Tenglman nichant dans un trou de pie.

naturelle qui, en plus d'attirer les colères du ciel, avait valeur de symbole. La couleur rouge n'est-elle pas présente dans le cycle de leur vie et de la mort ?

Plus de 100 000 pétroglyphes sont disséminés sur le site, reprenant en gros quatre thèmes récurrents : les animaux, surtout les corniformes qui représentent 60% du total des gravures, les armes et les outils dénombrés pour 21% environ, les figures géométriques que l'on estime à 14% et enfin les figures anthropomorphiques ou non qui sont largement minoritaires avec moins de 5% de représentation.

Chez les corniformes, on imagine surtout des taureaux et des bœufs. Cette répétition du symbole cornu évoque le culte du taureau qui connaîtra son apogée avec l'ère crétoise. Pour les armes, on retrouve aisément des poignards à lame triangulaire, des lames à long manche. Les formes géométriques que l'on peut apparenter à des réticulés sont rondes ou carrées et souvent, elles représentent des enclos pastoraux. Quant aux figures, la plus célèbre est sans nul conteste le Sorcier. Sa barbe et ses bras sont formés par un corniforme, sa moustache, son nez et sa bouche sont issus aussi d'un réticulé. Enfin, ses mains semblent serrer deux poignards menaçants. Ce sorcier est une parfaite synthèse des trois thèmes.

Au pied de ces falaises érodées par les glaciers, on se laisse vite gagner par cette écriture primitive. Et même si de temps à autre, un graffiti rappelle que les bergers du Moyen Age ne voyaient là que diableries, ces signes nous permettent d'imaginer un tant soit peu la vie de nos ancêtres. La découverte de ce musée unique au monde et qui aujourd'hui est classé comme monument historique est aussi un véritable roman.

Les gravures de la vallée des Merveilles, une énigme

Tout au long du Moyen Age, les rares visiteurs, essentiellement des pâtres, n'y voyaient que signes cabalistiques et sataniques. Ces cornes, ces fourches n'étaient-elles pas la représentation du démon ? Alors, les bergers, tenaillés par la peur et pour exorciser leurs doutes vont rajouter leurs commentaires. La première mention écrite de la vallée des Merveilles date du quinzième siècle. Pierre de Monfort décrit à sa femme *"un lieu infernal avec figures de diables et mille démones partout taillez es rochiers".* En 1650, un Niçois (Gioffredo) relate que le curé de Belvédère, lui-même informé par un berger, aurait aperçu de curieuses inscriptions. Il en oublie de préciser que, déjà au siècle précédent, des visiteurs, peut-être de Montfort, avaient laissé des inscriptions en latin, italien, grec. En 1821, le Savoyard F.-E. Fodéré interprète ses signes : *"Les pierres sont ornées de chariots armés de faux, de vaisseaux en forme de galères et d'autres instruments de guerre. Avec beaucoup d'écritures qui ne sont ni grecques, ni latines, ni arabes et qu'on conjecture être des caractères puniques".* Les diables courroucés, voici les Carthaginois qui prennent la suite. Sauf que notre chroniqueur n'a jamais mis les pieds dans le vallon et qu'une fois encore, il exploite le mythe de l'homme qui a vu l'ours qui a vu... C'est seulement en 1868 que de véritables scientifiques décident de s'intéresser à ces étranges signes. Le botaniste anglais Moggridge et le naturaliste prussien Dierk remontent enfin le vallon de la minière et réalisent les moulages de 115 gravures. Présentées au congrès international de Norwich, ces gravures pouvaient rentrer dans l'histoire de l'humanité, au même titre que ces jonchées de pétroglyphes dans le Haut-Atlas marocain, sur les roches de l'Indus, dans le "Nine Mile Canyon" de l'Utah ou sur les bords du lac Onéga en Russie. Sans doute réalisés par les Ligures, ces témoignages d'un passé tout proche (que représente 4000 ans à l'échelle planétaire ?) sont une belle interrogation. Malgré des recherches poussées, des thèses, des visites prestigieuses, on ne sait toujours pas avec certitude à quoi servaient ces signes. Etait-ce un sanctuaire dédié au culte du taureau ? Un hommage rendu à des roches sacrées ? Une incantation aux forces de la nature, concentrées ici sur le mont Bégo ? Des prières adressées aux dieux ? Le témoignage de prêtes s'exerçant à une forme d'écriture ? De simples chroniques sur l'existence de ces nomades, de passage dans ces hautes vallées ? Pour l'homme de cette fin de vingtième siècle,

Vallée des Merveilles : le Sorcier, l'une des figures les plus connues du site.

ces traces dans le sillage des sommets conservent leurs mystères. Comme si ces endroits haut perchés devaient continuer à nous inspirer, avec effroi ou avec passion ; difficile de trancher...

Et alors que notre groupe s'éloignait de cette enclave insolite, chacun de nous ne pouvait s'empêcher de penser que cet endroit était magique, magnétique. C'est le chemin des crêtes que nous avons suivi. Nous voulions apercevoir la dernière courbure de l'arc Alpin. Parfois, d'autres signes d'un passé historique nous ramenaient à la réalité, comme ces fortifications de la seconde guerre mondiale. Quand ce n'était pas une histoire de loup qui venait émoustiller notre progression. Jusqu'à la mer, nous avons été baignés dans une ambiance irréelle, où mythe et réalité se côtoyaient, se juxtaposaient d'une manière parfois inextricable. A travers ce pays sauvage et qui le reste pratiquement jusqu'à Menton, l'homme conserve son irrationnalité, ses craintes, ses emportements. On se rend compte que malgré les millénaires, il n'a pas beaucoup changé. Hier face aux forces de la nature, aujourd'hui face à un animal, il s'exprime toujours avec fougue et avec conviction. En marchant sur ce GR 52 qui chemine entre Mercantour et balcons de la Côte d'Azur, nous avions au moins retrouvé cette vérité.

Itinéraire

1er jour : parking du Boréon (1 702 m) - pas des Ladres (2 448 m) - La Madone de Fenestre (1 903 m)

Dénivelée : 850 m

Horaire : 4 à 5 h

Du terminus de la route, partir par un sentier forestier en direction du refuge privé du Pelago. Par quelques lacets, suivre alors le fil du torrent en restant rive droite ; accéder ainsi au pont de Peyrestrèche (cascade). Ne pas le traverser et continuer sur la même rive. Accéder au vallon de Sangué que l'on coupe, puis quitter le sentier principal pour remonter vers le refuge de la Cougourde ; une variante d'une demi-heure partant plein nord permet d'accéder à ce refuge et d'apercevoir la Cougourde, réputée pour son escalade. Du refuge, en restant à flanc, on rejoint le GR au lac de Trécolpas, qui s'engage dans la combe de Trécolpas. Le sentier se raidit sur la fin pour accéder au pas des Ladres (2 448 m). De là, prendre le sentier de droite qui descend sous la cime de l'Agnelière. Vers 2 065 m, il croise la variante venant du col de Fenestre et par des lacets, il mène sans difficulté à la Madone de Fenestre (1 903 m).

Pour rallonger ce parcours, on peut éventuellement, depuis le pas des Ladres, passer par le col de Fenestre, réputé pour son panorama.

2ᵉ jour : La Madone de Fenestre (1 903 m) - pas du Colomb (2 548 m) - refuge de Nice (2 232 m) - pas de la Fous (2 828 m) - refuge de Valmasque (2 221 m)

Dénivelée : 1 250 m

Horaire : 6 à 8 h

Du petit hameau de La Madone de Fenestre, partir à droite de la chapelle pour descendre en direction du torrent. Le franchir et commencer à remonter en rive gauche, traverser le torrent du Ponset. On arrive à un alpage avec quelques mélèzes et le Caire de la Madone au-dessus. A la lisière des arbres, monter en direction de ce sommet. A sa base, on rejoint alors un clapier qui permet de rejoindre le vallon du Mont-Colomb vers 2 300 m. Par un terrain herbeux, accéder alors au lac du Mont-Colomb (2 390 m). Par la gauche, passer un névé raide et, par des éboulis, atteindre le pas du Mont-Colomb (2 548 m). De cette brèche, descendre par un couloir dont la raideur est atténuée par de nombreux lacets vers un éboulis qui laisse place à un sentier aisé conduisant à la Barme (2 150 m). On atteint alors le lac où l'on rejoint sans difficulté le refuge de Nice (2 232 m). On peut éventuellement faire étape dans ce refuge (environ 3 h 30 de marche).

Nous vous proposons alors une variante du GR qui a l'avantage de sortir de l'itinéraire classique pour basculer sur le vallon de Valmasque. Du refuge, prendre plein est le sentier qui monte en direction du col. Rejoindre le vallon de la Fous, rive droite. S'élever au milieu de petites barres rocheuses, au pied du mont Clapier. Sans difficulté, rejoindre alors le pas de la Fous (2 828 m).

De là, descendre en direction du lac Gelé où l'on retrouve une sente assez prononcée avec des cairns et un tracé rouge qui amène au refuge de Valmasque (2 221 m).

Cette variante est souvent enneigée, parfois jusqu'à la mi-août ; prévoir donc des chaussures avec des bonnes semelles et même des bâtons.

3ᵉ étape : refuge de Valmasque (2 221 m) - Baisse de Valmasque (2 549 m) - refuge des Merveilles (2 111 m)

Dénivelée : 320 m

Horaire : 4 à 5 h

Du refuge, partir rive droite du lac Vert à travers des mamelons rocheux pour accéder au lac Noir. Une courte montée conduit au lac du Basto. De là, on suit une prairie au pied de la Baisse de Fontanalba. Une dernière montée plein nord, un peu plus raide, conduit à la Baisse de Valmasque. Par un bon sentier, descendre alors dans la vallée des Merveilles. On pénètre vite dans le site des gravures rupestres (vers 2 400 m). Tenir compte des informations données par les panneaux en place (zones d'interdiction). Passer ensuite entre deux lacets les lacs supérieurs (2 383 m). Changer de rive au torrent et continuer à descendre plein sud. Accéder à un troisième lac à 2 294 m. Continuer vers le sud et se diriger vers le pas de l'Arpette que l'on ne franchit pas. Obliquer à flanc pour atteindre alors le refuge des Merveilles (2 111 m).

Etape courte, surtout consacrée à la visite du site des gravures.

4ᵉ étape : refuge des Merveilles (2 111 m) - Baisse Cavaline (2 107 m) - pointe des Trois Communes (2 080 m) - col de Turini (1 605 m)

Dénivelée : environ 600 m

Horaire : 5 à 6 h

Du refuge, partir en direction du lac Fourcat. Le dépasser, puis continuer vers le lac de la Muta (2 274 m), puis les lacs du Diable (2 415 m) qui peuvent être à sec. Prendre au sud-est pour rejoindre le pas du Diable (2 436 m). On quitte alors la vallée des Merveilles. Descendre de quelques lacets, puis en traversée à flanc, rejoindre la Baisse Cavaline (2 107 m). Prendre à flanc sous la cime de Raus pour accéder au col de Raus (1 999 m). De là, partir, toujours à flanc, sous la cime de Tuor pour la Baisse de Saint-Véran (1 836 m). Quitter la crête de l'Ortiguier pour retrouver un sentier légèrement en contrebas, versant ouest, qui mène à la pointe des Trois Communes. De là, il est nécessaire de rejoindre le col de Turini pour l'hébergement. Suivre alors la route, puis un raccourci qui rejoint celle-ci, au niveau de la Baisse de Camp-d'Argent (1 740 m). Reprendre la route jusqu'au col de Turini.

Hébergement au relais du Camp-d'Argent, tél : 04.93.04.12.33.

A noter que ce relais peut, le lendemain, vous ramener à l'Authion.

5ᵉ étape : Authion (2 075 m) - Baisse de Ventabren (1 862 m) - Sospel (350 m)

Horaire : 5 à 6 h

Revenir sous la pointe des Trois Communes et descendre en direction d'un col, juste en dessous. Passer sous les casernes de Plan Caval. On retrouve le CD 68 que l'on suit sur 500 m. On retrouve alors un petit col. Laisser à droite la piste qui mène à la Vacherie et descendre toujours sud/sud-ouest jusqu'au fond du vallon de l'Alp. Le traverser puis laisser à droite la tête de Vaïercaout (1 817 m). Quitter la route sur laquelle on

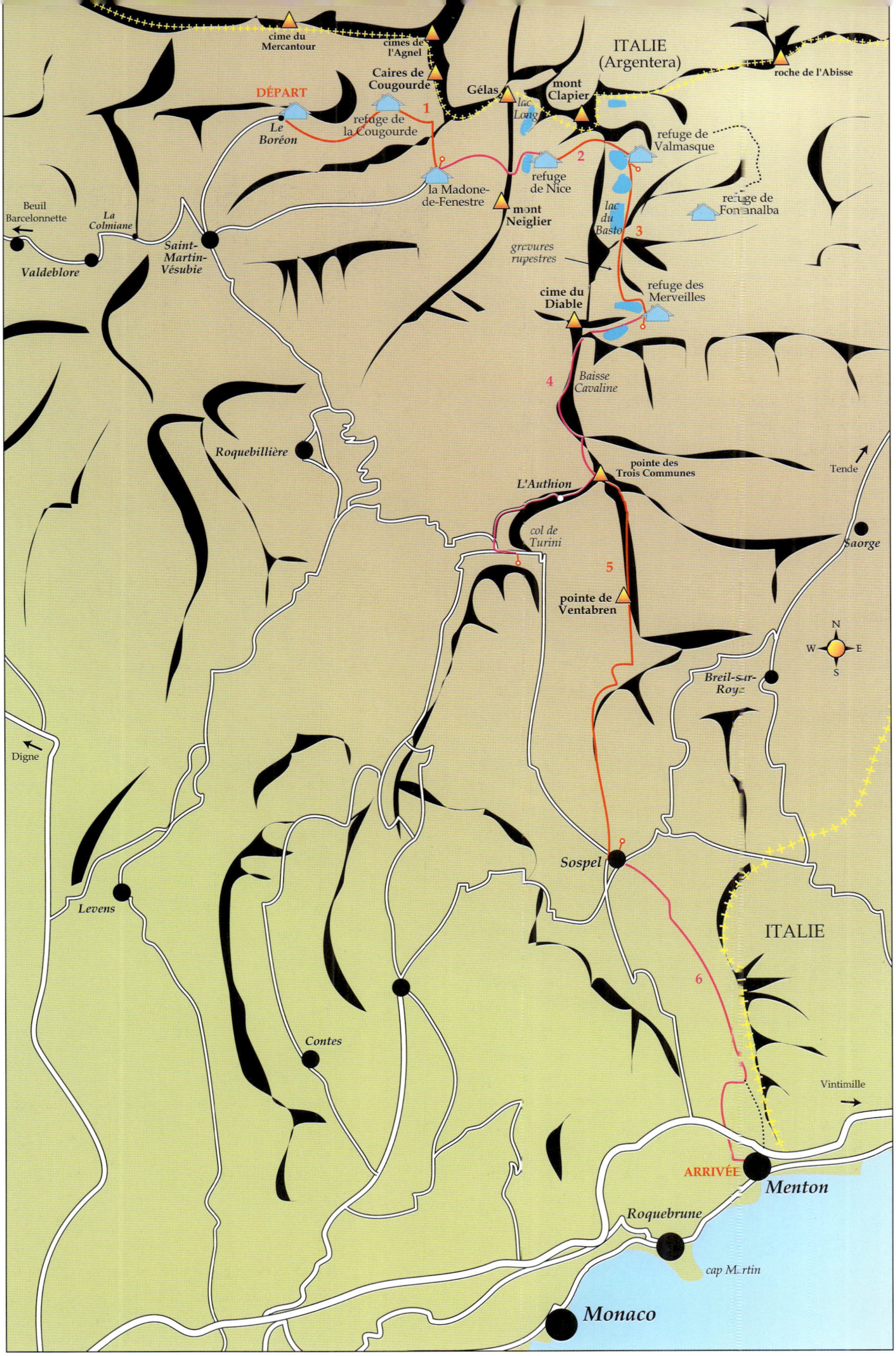
cime du Mercantour
cimes de l'Agnel
Caires de Cougourde
DÉPART
Le Boréon
refuge de la Cougourde
1
Gélas
lac Long
mont Clapier
ITALIE (Argentera)
roche de l'Abisse
refuge de Valmasque
2
refuge de Nice
la Madone-de-Fenestre
mont Neiglier
refuge de Fontanalba
lac du Basto
3
gravures rupestres
refuge des Merveilles
cime du Diable
Beuil Barcelonnette
La Colmiane
Saint-Martin-Vésubie
Valdeblore
4
Baisse Cavaline
Roquebillière
pointe des Trois Communes
Tende
L'Authion
col de Turini
Saorge
5
pointe de Ventabren
N
W
E
S
Breil-sur-Roya
Digne
Sospel
ITALIE
Levens
6
Contes
Vintimille
ARRIVÉE
Menton
Roquebrune
cap Martin
Monaco

progresse pour passer sous le mont Giagiabella. Une légère remontée permet de retrouver la route. De là, on dépasse un petit col et on opte à gauche pour un sentier, juste sous le sommet du Maouné (1 981 m). Rejoindre alors la Baisse de Ventabren (1 862 m). Suivre alors les lignes de crêtes et les sentiers à flanc qui cheminent sous la cime de la Gonella. En prenant le sentier de droite à partir d'un col situé à 1 706 m, on contourne le Mangiabo, puis la Baisse de Linière (1 342 m). On perd alors de l'altitude pour rejoindre la Baisse de Fighière. On rejoint alors sans difficulté Sospel (350 m).

6e étape : Sospel (350 m) - col de Razet (1 032 m) - Menton

Dénivelée : 700 m environ

Horaire : 5 à 6 h

Partir par la route de Menton et, au premier lacet, abandonner celle-ci pour prendre le sentier qui monte aux ruines de Casté. Continuer en direction des ruines de l'Albaréa (635 m). Remonter un vallon sous le Plan German. Descendre à travers la forêt vers le ruisseau du Roulabre, puis remonter rive droite. On atteint alors le vallon des Agreux et le col Razet (1 032 m). Se diriger vers le mont Albo par un sentier presque horizontal. On rejoint une zone marécageuse au pied du col de Tréitore (1 087 m). Repartir alors au sud, passer au col de Basse (1 105 m), puis à la Baisse de Fascia Fonda (965 m). On atteint alors sans difficulté la prairie de Morga (810 m). Prendre alors vers l'ouest le col de Saint-Bernard. De là, descendre à travers des terrasses autrefois cultivées vers Calletta. On croise le GR 51 qui se dirige vers le pas du Porc et que l'on laisse à main gauche. On rejoint Castellar que l'on quitte vers la fin pour retrouver un sentier qui va passer sous l'autoroute et, par les ruelles et les gargouilles, nous conduirent jusqu'à Menton et sa plage.

A partir du col de Saint-Bernard, il s'agit d'une variante du GR 52 un peu plus sauvage et qui permet de traverser, pour conclure, le vieux Menton.

Arrivée à Menton.

En montant au lac Noir.

PRATIQUE

Généralités

Le GR 52 qui part de Vésubie pour rejoindre Menton est sans doute l'un des circuits les plus méridionaux des Alpes françaises. Au cœur du Parc national du Mercantour, il permet de longer la ligne de crêtes qui séparent ce même massif de la zone de l'Argentera (parc et massif versant italien), avant de traverser la vallée des Merveilles et de plonger sur la Méditerranée en découvrant l'arrière-pays niçois, souvent préservé et peu fréquenté. Le sentier permet d'évoluer dans une nature sauvage, pratiquement jusqu'à la côte.

Ce circuit s'adresse à des randonneurs confirmés, surtout sur la partie haute du circuit. L'arrivée d'orages assez violents dans cette région, quelques pierriers conséquents, des traversées de névés (surtout en début de saison) nécessitent un minimum de pratique.

Accès

Depuis Nice, remonter au Plan du Var (direction Digne) avant de vous engager dans les gorges de la Vésubie pour rejoindre Saint-Martin-Vésubie et le Boréon.

A noter que l'on peut venir en train jusqu'à Nice, puis en autocar depuis la gare routière jusqu'au départ de cette randonnée. De Menton, on peut alors revenir par le train et sans problème jusqu'à Nice.

Renseignements sur les horaires auprès de la gare SNCF de Nice : 04.93.87 50.50

Saison

Entre le 15 juin et la mi-octobre. Avec pour chaque période des conditions différentes.

Du 15 juin au 15 juillet, une végétation en plein épanouissement, des fleurs de partout, des refuges encore peu fréquentés mais on risque de trouver encore de la neige, surtout dans les passages en altitude.

Du 15 juillet à la fin août, risques d'orage conséquents sur les crêtes, prévoir alors de partir tôt pour arriver de bonne heure. Risques aussi de canicule.

En septembre et octobre, les journées plus courtes pour l'ensoleillement sont plus propices à la douceur et à des rencontres avec une faune qui, tout au long de l'été, a fui la foule.

Bibliographie

De nombreux ouvrages traitent de cette région, à commencer par l'indispensable topo-guide de la FFRP qui complète parfaitement cet ouvrage :

G5-52 : Tinée-Vésubie, Vallée des Merveilles.

Dans les ouvrages généraux :

- *ABCdaire du Mercantour* chez Flammarion.
- *Le massif du Mercantour,* Association des amis du Parc National du Mercantour, édition Serre, Nice.
- *Le loup du Mercantour,* les éditions du Cabri, Michel Bricola
- *Les cols du Mercantour,* éditions Glénat, Michel Bricola

Cartographie

Pour une vue générale du circuit :

- Carte 1/50 000e du Mercantour n °9 de chez Didier Richard.

Pour être plus précis :

- Cartes IGN au 1/25 000e n° 3741 O Saint-Martin-Vésubie - col de Turini n° 3841 O Breuil-sur-Roya - Tende n° 3742 E Menton

Numéros utiles

Météo : 08.36.68.02.06 pour le bulletin à 5 jours des Alpes-Maritimes.

- 08.36.68.02.04 pour le bulletin à 5 jours des Alpes du Sud

PGHM de Saint-Sauveur-de-Tinée, tél. : 04.93.02.01.17

Parc National du Mercantour : 04.93.87.86.10

Refuge de la Madone de Fenestre : 04.93. 02.83.19

Refuge de Nice : 04.93.04.62.74 (gardien)

Refuge CAF de Valmasque (2 221 m, 56 places), tél. : 04.92.20.14.65 (gardien)

Refuge CAF des Merveilles (2 111 m, 80 places), tél. : 04.93.04.64.64

TRAVERSÉE DE LA CORSE
LA SUBLIME DIAGONALE

C'est le plus difficile des GR. Mais ce GR 20 qui traverse de part en part la Corse attire de plus en plus de randonneurs. Il est même en passe de détrôner, en terme de popularité, le tour du Mont Blanc. Mais il mérite bien sa réputation. Rude, engagé, isolé, il est aussi magnifique, surprenant et esthétique. Des contradictions qui ne laissent pas indifférents les randonneurs.

Elle était là, la pierre, aussi rude que ce pays tourmenté, aussi chargée en émotions que ces gens d'en haut ou d'en bas. Et au levant, quand les derniers rayons venaient caresser les "tafonis", il n'était pas difficile de réaliser que ce GR 20 était différent. En passant du sud au nord, dans les gorges de Bonifato, vers les bergeries de Vaccaghia, sur les contours figés du lac de Capitellu, sur les crêtes de Bavella, au belvédère du refuge di Paliri, à chaque fois on la retrouverait cette roche rouge et dure, reflet de l'âme corse. D'ailleurs, marcher en Corse, c'était suivre une piste déroutante. Dès la première journée, tout était dit, ressenti. La minéralité devenait la seule référence. Les ors des granits s'éteignaient presque brutalement sous les brumes, les crêtes cheminaient entre le matin et le coucher du monde, les lacs d'altitude imaginaient des reflets d'autrement et la Corse, reine de l'imaginaire, devenait reine de la randonnée.

A la Bocca di Veluco.

La Corse, reine de l'imaginaire

Cette corse de l'intérieur, c'était celle des montagnes méditerranéennes, d'un monde qui, au-delà des clichés, tient à rappeler sa différence. Le petit caillou rouge allait être du voyage. Il ne serait pas une simple métaphore. Il allait réellement user les semelles, malmener les chevilles, retenir la chaleur, éprouver l'équilibre, lessiver l'esprit et ceux qui imaginaient ce sentier comme une simple piste seraient vite déroutés vers d'autres horizons. Qu'est-ce qui explique la réputation du GR 20 ? Le maquis et les bergers, les pins laricios et les canyons oubliés, le mouflon ou l'euprocte, l'isolement ou la beauté insolite des sites ? Il n'y a pas de réponses, mais les pénitents qui se lancent sur un tel trajet vont en une quinzaine de jours découvrir une Corse inédite. Une Corse authentique qui, aujourd'hui encore, ne déboussolerait pas Mérimée. Une Corse qui suit pas à pas les contours du parc naturel régional, plus de 330 000 hectares sautant allégrement des senteurs du maquis aux squelettes tourmentés des pins, évoluant avec sérénité au milieu des chênes Verts avant de vous rudoyer dans le cirque de la Solitude. Dès Calenzana, on va marcher à contretemps, dans une montagne endémique où finalement tout est insolite. *"La Corse est une montagne dans la mer"* écrivait le géographe allemand Ratzel. Le monte Cintu vient confirmer cette version des choses. Bien cambré sur le haut Asco, il n'en finit pas de scruter le continent aquatique, toujours avec quelque inquiétude. Les Corses sont un peuple de montagnards, une autre vérité qui se confirme sur le terrain. Tous les villages érigés sur des promontoires dominent et surveillent l'ouest ou l'est. Plantés à fleur de vide, quelque part au-dessus de la plaine, ils se méfient de la grande étendue bleue. C'est par là que sont arrivés les envahisseurs, les Grecs, les Romains, les Vandales, les Sarrasins, les pirates de tout poil, les Gênois et pour finir les Français. Lassé d'être pillé, colonisé, asservi, le Corse initialement pêcheur s'est réfugié sur les hauteurs, dans des sites inexpugnables. Et puis, au-delà de ces incessantes invasions (plus de vingt depuis le peuplement de l'île), le littoral, c'était la malaria qui ne sera éradiquée qu'avec l'arrivée des Américains en 45. Les Corses, d'un naturel méfiant comme tous les peuples montagnards, ont vécu ainsi en équilibre entre les hauts sommets et la Méditerranée.

Les bergers, seigneurs des montagnes corses

Seuls les bergers passeront allégrement des rivages à la montagne, bravant les norias de moustiques et les légendes du monde d'en haut. Ce furent pendant longtemps les seigneurs de ce pays-là. Avec leurs bêtes, Pierre, Mathieu ou Pasquale ont tracé ces premiers chemins à travers le maquis. Chaque printemps, ils cheminaient vers ces hauteurs mystérieuses, humant les premières senteurs du maquis, encore imbibées de rosée, légères et puissantes, brassant les molécules de pistachiers, d'arbousiers de myrtes, de lavandes et de cistes. Plus haut, ils retrouvaient le royaume des tamis et de la résine, puis l'ombre solitaire et protectrice des pins laricios étonnamment torturés par le vent et, quand les vagues odorantes se mêlaient aux fragrances de l'humus, des odeurs de pelouses d'altitude, ils savaient alors qu'ils rejoignaient leur véritable domaine. Il n'y a pas si longtemps, on comptait un randonneur pour cent bergers et ce sont eux qui ont creusé les premiers sillons, déplacé les premiers blocs de granit.

Le mouflon

C'est sans doute l'un des animaux les plus spectaculaires de la faune française. Le mouflon de Corse est considéré ici comme le symbole de la montagne ; à tort, puisque, si certains de ses congénères (on compte 7 sortes de mouflons à travers le globe), en Asie tout particulièrement, peuvent effectivement vivre sans problème à presque 5 000 m d'altitude, d'autres mouflons se sentent plus à l'aise au bord de la mer. Le mouflon est très complémentaire du chamois et du bouquetin ; il n'affectionne ni la neige comme le premier, ni les rochers escarpés comme le second. Il préfère les pentes bien ensoleillées et les forêts protectrices de résineux. Rustique, il dévore tout ce que la nature peut lui fournir, même les plantes les plus coriaces. Avec un poids de 35 à 50 kg pour les mâles (25 à 35 kg pour les femelles), ses effectifs en Corse se situent entre 400 et 600 animaux qui se répartissent entre le cirque de Bonifatu, les massifs du Cintu et de Bavella. Dans un troupeau, c'est souvent une vieille femelle autoritaire qui guide une vingtaine d'individus. En pleine saison estivale, ils sont assez difficiles à repérer. S'écartant peu du couvert, ils se reposent toujours à l'ombre des arbres ou des rochers, surtout pendant les heures chaudes. C'est le matin et le soir, lorsqu'ils sont actifs, que l'on a le plus de chance de les apercevoir. Ils vivent entre 1 200 et 2 000 m d'altitude.

Introduits il y a une quarantaine d'années dans les Alpes, ils sont aujourd'hui à travers toute la France plus de 4000. Le mouflon corse a bien travaillé.

Aujourd'hui encore, sur le GR 20, on traverse peu de village restant longtemps à cheval sur cette épine dorsale et les seules rencontres authentiques se font avec les bergers, avec ses maîtres de la pierre et de l'espace. En chevauchant ainsi deux chaînes de montagne, l'une granitique et rhyolitique, qui s'élève à l'est, puis une seconde moins élevée et schisteuse, on reprend une partie de ces chemins de tranhumance. Mais ce GR 20 qui démarre à 252 m, culmine à 2 225 m après nous avoir éprouvés tout du long, fait longer plus de quinze sommets dépassant les 2 000 m, doit beaucoup à la ténacité d'un Niçois : Michel Fabrikant. Tout au long des années 60, il va aller se perdre au milieu de ces sentinelles de pierre, découvrant des endroits insolites, apercevant la longue course du soleil à Tafunatu, suivant d'un pas intrigué les pelouses spongieuses du lac Ninu, retrouvant le chemin du mouflon au pied de la Paglia Orba, découvrant, tapie dans la rocaille, une calament de Corse, écoutant le soir au bivouac les polyphonies. La montagne corse avait trouvé son Stevenson. Il va tout faire pour la faire connaître aux Corses eux-mêmes. A part les bergers, bien peu de locaux parcouraient ce chemin d'étoiles et de granit. Jean-Paul Quilici fait figure de pionnier, de "pumataghji", les *mangeurs de tomates*, comme les villageois appelaient il n'y a pas si longtemps les randonneurs. Les Corses, en comparaison des Alpins ou des Pyrénéens, ont encore du mal à comprendre ce besoin de se ressourcer en montagne. Même aujourd'hui, grimper, marcher, voler, découvrir semble si éloigné de leurs préoccupations, si opposé avec leur société du peu et de l'immuable ! Pendant longtemps, ils pensèrent que seuls les pauvres et les bergers pouvaient s'offrir cette déraison, cette envie de bouger, de voir ailleurs. Jean-Paul, personnage enthousiaste, charimastique, a été avec son frère Jean-François, l'un des premiers à arpenter ce fil suspendu au-dessus de la Méditerannée et à briser les mentalités. On ne tarda pas à les prendre pour des fous mais ils persistèrent, traçant les balises d'un GR devenu opérationnel dès 72. Les deux frères seront dans les premiers à rentrer au parc comme gardes et Jean-Paul se fera un plaisir d'être aussi le premier guide de haute montagne corse, partageant alors avec des clients ou avec des lecteurs sa vision tout en profondeur de son pays vu du dessus. Aujourd'hui, c'est le roi de Bavella. Des centaines de lames verticales, des colosses de roc, insensibles au fracas et à l'anarchie, des tours qui ceinturent l'horizon, des dalles polymorphes, des arêtes tourmentées ; c'est là qu'il officie.

Non loin de la passerelle de Spasimata, une des nombreuses vasques qui jalonnent le parcours et invitent à la baignade.

La traversée de la Corse, le bâton de maréchal des randonneurs

Un autre Corse mérite d'être cité et marque bien la transition dans les mentalités, c'est Pierre Griscelli. Lui aussi est guide, vous pourrez même le rencontrer à l'étape de Carrozu ; il garde le refuge avec Céline sa compagne. Bien sûr, ils n'ont pas la même approche, ni la même mentalité, mais lui aussi, le bougre, il aime son pays. En réalisant des hivernales, en trouvant des cascades insolites aux quatre coins des vallées, en ouvrant des écoles d'escalade, il compose avec cette montagne qu'il aime et qui lui rend bien. C'est à son refuge que nous trouverons cette expression de pénitents pour définir les randonneurs. Avec peu de points de ravitaillements, un hébergement sommaire, les randonneurs partent en autonomie presque totale. C'est une constante sur ce GR, mais les sacs dépassent toutes les espérances, montant comme des buldings allégrement au-dessus des marcheurs. Avec une telle contrainte, on pourrait penser que cette traversée de la Corse est réservée aux randonneurs les plus expérimentés, partant ainsi pour le nirvana de la marche. Il n'en est rien. Comme pour l'ascension du mont Blanc, toute une population hétéroclite, mal chaussée, mal entraînée, prend là son premier bâton de pèlerin. Peu arriveront à destination. Les statistiques le prouvent : sur environ 8000 randonneurs qui effectuent ce circuit, seul un tiers rejoindra l'étape finale. Le reste abandonnera en chemin et quittera le fil d'Ariane pour rejoindre un fond de vallée et une fin en soi. Un premier tiers abandonne même avant la troisième étape. L'Allemand qui ce soir là a rejoint le refuge à minuit appartenait à cette catégorie. Avec ses rangers, son sac moyenâgeux, ses longues chaussettes kaki et son chapeau sorti d'un roman de Kipling, il avait cru voir les diables au pied du Capu Ladroncellu, déconcerté par un rythme lent dont il découvrait les subtilités, éprouvé par une charge de sherpa, bousculé par un vent d'Est, il avait fini par débarouler une bonne vingtaine de mètres sur un sentier en balcon qui pardonnait peu les erreurs de semelle. Dès lors, ce fut la guerre pour les randonneurs qu'il précédait. En le portant, le soutenant, l'encourageant, abandonnant au passage son sac, sa gourde, sa constance, ses certitudes, ces Saint-Bernard involontaires parvinrent, non sans peine à le ramener à bon port. Pierre, prévenu par un "rescapé" entendit parler d'un accident apocalyptique, d'une vision d'effroi. Habitué à de tels récits, il attendit calmement que la caravane de secours parvienne à destination. Au beau milieu de la nuit, une longue luciole argentée ramena péniblement notre blessé au refuge. Bilan, une cheville foulée pour un Berlinois qui chaussait pour la première fois des chaussures de randonnée et qui le lendemain sera tout heureux de redescendre en hélicoptère.

Le trou du Tafunatu.

Direction la plage.

Le fait est là, le GR 20 aujourd'hui a raflé la vedette même au prestigeux tour du Mont-Blanc. C'est devenu un monstre sacré dont les beautés naturelles inspirent tous les amoureux de grands espaces. A commencer par les Allemands qui ont trouvé là leur Saint-Graal de la randonnée pédestre. Plus d'un randonneur sur deux est d'origine germanique. Et la plupart de ces randonneurs ont une vision romantique de cet itinéraire, comme si la Corse pouvait être un pays de roman. Et si après tout le GR 20 y contribuait ?

Itinéraire

Le circuit qui est proposé ici suit le GR 20 du nord vers le sud. Il est possible de le réaliser dans le sens inverse en partant de Conca. Il est donné ici en 14 jours avec une étape particulièrement longue et qui peut être fractionnée.

D'une longueur de presque 200 kilomètres, parcourant souvent des chemins de crêtes à plus de 2 000 m d'altitude avec pour chaque étape, au minimum 600 m de dénivelée, c'est en fait entre 14 et 16 étapes qu'il faut compter pour accomplir ce beau périple.

Certains randonneurs ont trouvé la solution en morcelant cet itinéraire en deux tronçons. Le premier, le tronçon nord de Calenzana à Vizzavona, comporte les étapes les plus alpines. Jalonné de lacs et de torrents, il dure en moyenne 8 jours. De Vizzavona, un train permet de regagner Ajaccio ou Bastia.

Le tronçon sud qui nécessite entre 6 et 8 jours se révèle moins rude. C'est dans cette partie que vous découvrirez le massif de Bavella avec ses granits roses.

1ère étape : Calenzana (275 m) - Bocca a u Saltu (1 250 m) - refuge d'Ortu di Piobbu (1 570 m)

Dénivelée : 1 300 m

Horaire : 6 à 6 h 30

Partir par le sentier muletier qui démarre à la sortie du village et qui se dirige vers la source d'Ortiventi, laisser à main gauche le sentier qui devient l'itinéraire du circuit Mare e Monti puis remonter vers la Bocca di Ravalente. Rester à flanc pour rejoindre le ruisseau d'Arghioa, puis emprunter une série de lacets qui cheminent à travers une zone forestière de chênes Verts et de pins. On rejoint ainsi la Bocca a u Saltu (1 276 m). Descendre sur quelques mètres pour remonter dans des rochers fracturés en direction de la Bocca a u Bassiguellu (1 486 m). De là, un sentier relativement bien tracé et qui monte en pente douce conduit à un dernier collet qui mène au refuge d'Ortu di Piobbu (1 570 m).

2e étape : refuge d'Ortu di Piobbu (1 570 m) - Bocca d'Avartoli (1 898 m) - refuge de Carozzu (1 270 m)

Dénivelée : 500 m environ

Horaire : 6 à 6 h 30

Partir vers le sud-ouest en direction des ruines de Mandriaccia, traverser un ruisseau puis remonter dans une pente régulière sous la Punta Pisciaghia pour venir rejoindre la Bocca Piccaia à 1 960 m environ. Continuer encore à monter sur environ une soixantaine de mètres pour ensuite traverser en versant sud, à l'aplomb du Capu Ladroncellu dans un terrain relativement alpin.

Le monte Rotondu et les lacs de Melu et de Capitellu.

Au lac de Bastani.

Passer une série de petits collets avant d'accéder à la Bocca d'Arvatoli (1 898 m). Basculer en versant est puis refranchir la crête pour rejoindre la Bocca Carozzu (1 865 m). Descendre alors par une série de lacets raides dans un grand couloir qui rejoint vers 1600 m, une zone boisée qui conduit sans difficulté au refuge Carozzu (1 270 m)

On peut acheter sur place quelques produits de première nécessité : pruneaux, amandes grillées...

3ᵉ étape : refuge Carozzu (1 270 m) - col Perdu (2 183 m) - refuge de Tighjettu (1 640 m)

Dénivelée : 1600 m environ

Horaire : 8 à 10 h

Du refuge, partir vers le sud-est à travers la forêt, redescendre de quelques mètres pour franchir la Spasimata sur une passerelle suspendue. Depuis la rive gauche, on remonte alors à flanc par des dalles (qui peuvent être très glissantes par temps de pluie) et qui dominent de magnifiques gorges. Au-dessus, la vallée s'élargit en atteignant le point 1 464 m. Obliquer à droite pour suivre une belle combe d'origine glaciaire qui conduit vers le lac de la Muvrella (1 860 m) qui est entouré d'aulnes. Repartir vers le sud pour gravir facilement une petite brèche issue de l'arête Ouest de la Muvrella. De là, on rejoint un petit col : la Bocca a i Stagni (2 010 m). Deux solutions ensuite : soit faire étape à Ascu Stagnu à 1 422 m. Soit tenter de rallier par le cirque de la Solitude le refuge de Tighjettu dans la journée (grosse étape qui nécessite de partir de bonne heure). Pour cela, rester sur les crêtes pour ne pas trop perdre d'altitude, en reprenant une partie de l'ancien GR (attention, cette partie n'étant plus sur le sentier actuel et relativement alpine, elle est réservée à des randonneurs expérimentés ; sinon, descendre sur la station de ski). Passer à la Bocca Culaghia (1 957 m) puis au sommet de la Punta Culaghia (2 034 m), contourner par son versant ouest la Punta Stranciacone et par un couloir raide, descendre pour rejoindre le haut Asco, au point 1 880 m que l'on suit à flanc avant d'accéder alors à une cuvette bien marquée (1 930 m). Suivre une croupe pierreuse puis arriver à l'ancien refuge d'Altore (2 000 m). De là, franchir des petits ressauts pour accéder au col Perdu (Bocca Tumasginesca) à 2 183 m. On rentre dans le cirque de la Solitude. Descendre par des sections raides au fond (les passages les plus délicats sont équipés de chaînes). Les passages les plus raides sont surtout concentrés dans le tiers supérieur. Dans la deuxième partie, moins rocheuse, on retrouve un semblant de sentier. Atteindre ainsi le point le plus bas à 1 980 m. De là, prendre au sud-est

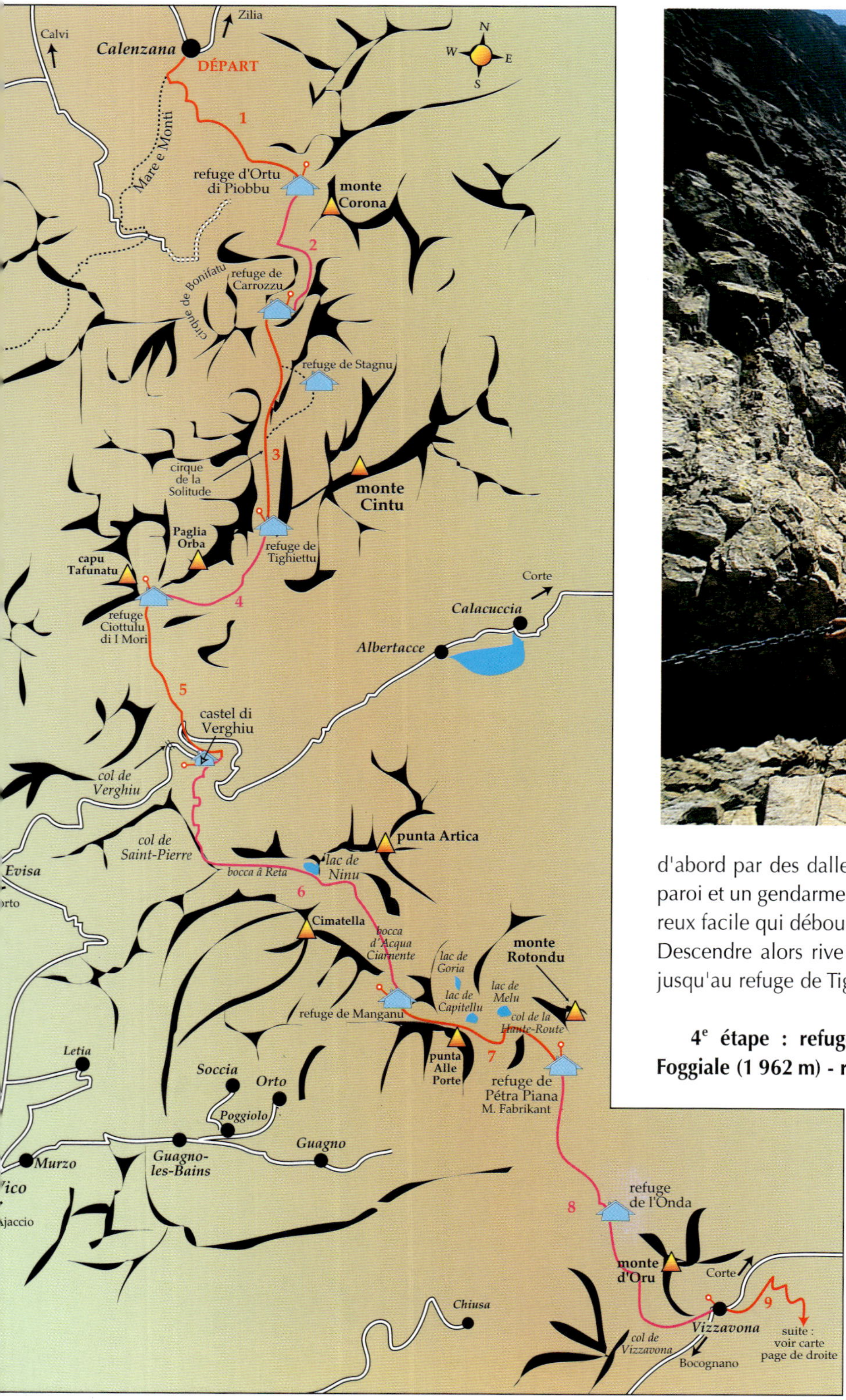

← *étapes 1 à 8 :*
de Calenzana à Vizzavona

d'abord par des dalles, puis il revient à gauche entre la paroi et un gendarme, avant de remonter un couloir pierreux facile qui débouche sur la Bocca Minuta (2 218 m). Descendre alors rive gauche du ravin de Stranciacone. jusqu'au refuge de Tighjettu.

4e étape : refuge Tighjettu (1 640 m) - Bocca di Foggiale (1 962 m) - refuge Ciottulu di i Mori (2 000 m)- Castel de Verghiu (1 404 m)

Dénivelée : 700 m environ

Horaire : 6 à 7 h.

Du refuge, reprendre le sentier vers le sud. S'arrêter éventuellement aux anciennes bergeries de Ballone (on peut s'y faire

Les chaînes qui conduisent en bas du cirque de la Solitude.

servir de succulentes omelettes), ravitaillement restreint mais possible. Puis reprendre son chemin sur la rive droite du Viru, rester à flanc, traverser une zone forestière avant d'atteindre les bergeries de Prugnoli (1 277 m). Le sentier remonte en pente douce vers les bergeries de Valle Longa (1 332 m). Bifurquer à l'ouest, passer ainsi au pied de la source di e Piazzole et accéder à une croupe, puis rejoindre la Bocca di Foggiale (1 962 m). Par une traversée légèrement ascendante, on atteint le refuge de Ciottulu di i Mori. Si on le désire, on peut faire étape dans ce refuge pour apercevoir le coucher de soleil depuis le Capu Tafunatu, une des plus belles arches naturelles de la Corse (compter 1 h 30 de montée en plus). Sinon, continuer à descendre et passer devant les bergeries de Tulla (1 700 m) qui bordent le Golo. Rester rive

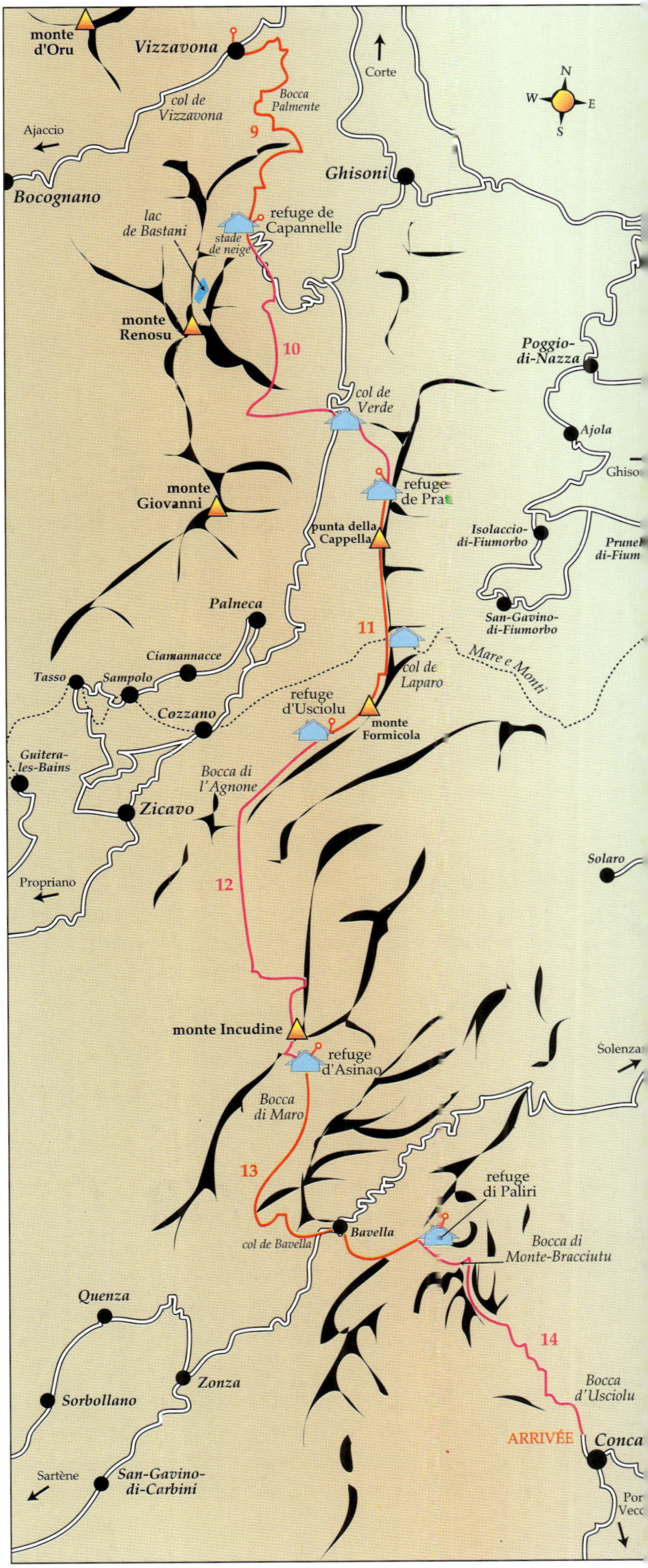

étapes 9 à 14 : de Vizzavona à Conca →

droite et, vers 1 540 m, sous la Bocca di Guagnerola, franchir le torrent puis, par des gorges, passer au pied de la cascade d'E Radule (1 370 m) avant de retrouver les bergeries du même nom à 1 380 m (vente de fromage). Traverser une forêt pour venir prendre pied sur la route, au lieu-dit le Fer-à-Cheval (1 329 m). De là, nous vous conseillons de remonter par la route vers le Castel di Verghiu (1 404 m). Ravitaillement et hôtel sur place.

5e étape : Castel de Verghiu (1 404 m) - lac de Ninu (1 743 m) - refuge de Manganu (1 601 m)

Dénivelée : 400 m

Horaire : 6 à 7 h

Descendre d'une quarantaine de mètres par un sentier en direction du sud pour retrouver le GR qui a contourné par un sentier à flanc la station de ski. Monter alors à travers la forêt pour rejoindre la Bocca San Pedru (col de Saint-Pierre en Français) situé à 1 452 m, petit oratoire. Passer une forêt de hêtres, puis au pied de U Tritore avant de regagner la ligne de crête même à 1 750 m. On continue à progresser ainsi sur cette crête qui désormais s'appelle *Serra San Tomaghiu*. Le sentier s'en vient ensuite longer le pied de la face Sud du monte Tozzu en remontant vers l'est jusqu'à la Bocca â Reta (1 833 m). Le GR descend alors progressivement pour gagner les rives du lac de Ninu (1 743 m). Le dépasser pour ensuite évoluer alors entre les pozzines. Se diriger ensuite vers les bergeries des Inzecche que l'on laisse sur la droite, franchir un ruisseau sur un replat et rejoindre par une zone boisée les bergeries de Vaccaghia (1 621 m). Quelques centaines de mètres plus bas, laisser à gauche un sentier qui part sur Corte pour retraverser une nouvelle zone de pozzines au Pianu di Campotile. Passer à la Bocca d'Acqua Ciarnente (1 568 m) avant de remonter sur le refuge de Manganu (1 600 m).

6e étape : refuge Manganu (1 600 m) - brèche de Capitellu (2 225 m) - refuge de Pétra Piana (1 842 m)

Dénivelée : 620 m

Horaire : 6 h à 6 h 30

Du refuge, remonter le vallon du ruisseau de Manganu en direction d'un cirque. Passer devant un petit lac (1 969 m). Par un dernier raidillon, le sentier rejoint une zone fracturée de dalles et de pierriers qui conduisent à la brèche de Capitellu à 2 225 m. Traverser alors à flanc en se méfiant des névés persistants qui dominent des barres rocheuses et en passant d'un versant à l'autre. Atteindre une nouvelle brèche à 2 000 m d'où monte un sentier venant du lac de Capitellu. Continuer sur le fil de l'arête jusqu'à la Bocca a Soglia (2 050 m). Basculer sur le versant nord de l'arête et partir à flanc à l'aplomb du lac de Melu. On accède ainsi au pied d'une pente raide couverte d'aulnes. La remonter pour atteindre la Bocca Rinosa puis la Bocca Muzzela (2 206 m) que l'on appelle aussi le col de la Haute-Route (passage obligé pour les gens qui accomplissent la traversée de la Corse en hiver). Le sentier descend en direction des pentes sud de la Maniccia avant de couper l'arête pour gagner rapidement un plateau herbeux où se situe le refuge de Pétra Piana (1 840 m).

7e étape : refuge de Pétra Piana (1 840 m) - bergeries de Tolla (1 011 m) - refuge de l'Onda (1 430 m)

Dénivelée : 500 m environ

Horaire : 4 à 5 h

De Pétra Piana, passer aux bergeries de Ghialgu (1 609 m), puis continuer à descendre vers le ruisseau de Manganellu que l'on atteint vers 1 440 m. Prendre rive gauche du ruisseau, descendre encore jusqu'aux bergeries de Tolla (1 011 m), possibilité d'acheter du fromage et du ravitaillement. Le sentier continue encore à descendre jusqu'au point 940 m, où l'on traverse le Manganellu sur une passerelle. Remonter au sud-ouest, rive droite de la Goltaccia avant de rejoindre le refuge de l'Onda.

Il existe aussi une variante qui passe par les crêtes et qui nécessite à peu près le même temps.

8e étape : refuge de l'Onda (1 430 m) - crête de Muratellu (2 020 m) - Vizzavona-gare (920 m)

Dénivelée : 600 m

Horaire : 5 à 6 h

D'Onda, partir plein sud au-dessus d'un grand vallon pour gagner une arête issue de la Punta Muratellu. On va la suivre vers l'est avant de s'arrêter en dessous de la crête terminale de Muratellu (2 020 m). De là, on descend par des grands lacets qui louvoient entre les barres rocheuses dans la vallée de l'Agnone. Dépasser un plateau parsemé d'arbustes et retrouver un chemin qui longe la rive gauche de l'Agnone. Longer ainsi des ruines vers 1 500 m, puis changer de rive sur une passerelle avant de passer au pied de la cascade des Anglais (1 150 m). Sans difficulté, on rejoint alors Vizzavona-gare. Ravitaillement, restauration.

9e étape : Vizzavona-gare (920 m) - Bocca Palmente (1 645 m) - bergeries d'E Capannelle (1 586 m)

Dénivelée : 730 m

Horaire : 5 à 6 h

La Bocca a i Stagni ; là, on quitte le cirque de Bonifatu pour pénétrer dans le haut Asco.

De Vizzavona-gare, venir couper la Nationale juste sous la maison forestière. Suivre ensuite une série de lacets à travers la forêt. Monter ainsi en direction du nord-est, prendre à flanc sur presque 8 kilomètres un chemin qui rejoint la route du col de Sorba. Laisser à droite la route forestière de Pinoceti pour prendre à droite un sentier qui monte en lacets et qui conduit sur une crête boisée. Vers 1 400 m, le sentier pénètre dans le vallon de Cimoni dont on rejoint bientôt le thalweg. De nouveaux lacets conduisent près d'une source avant que le sentier prenne légèrement à gauche pour atteindre la Bocca Palmente (1 645 m). Le dépasser et repartir à flanc versant est. On passe ainsi devant les bergeries d'Alzeta (1 553 m) avant de descendre légèrement à un croisement, laisser sur la gauche le chemin qui conduit aux bergeries de Cadu pour suivre une piste forestière qui va venir couper le ruisseau de Lattineta avant de retrouver les bergeries de Scapaccedie (source). Repartir à droite par un sentier qui sort sur la Départementale 169 qui dessert la petite station de ski de Ghisoni. Rejoindre alors les bergeries d'E Capannelle (1 586 m). Petit ravitaillement.

10e étape : bergeries d'E Capannelle (1 586 m) - Bocca d'Oru (1 840 m) - refuge de Prati (1 840 m)

Dénivelée : 600 m

Horaire : 6 à 7 h

Partir à travers la forêt par un sentier boisé qui descend légèrement vers les bergeries de Traggette (1 520 m). Le sentier continue de descendre de presque 200 m pour venir au pont de Casaccie (1 344 m) sur la Départementale 169. Suivre la route sur une petite centaine de mètres direction sud-est avant de retrouver un sentier à flanc qui repart vers le sud. Il s'en va venir couper les ruisseaux de Cannareccia et Lischettu avant de passer sous la crête de Pietra Scopina pour rejoindre le plateau de Gialgone (1 591 m). Laisser sur la droite le sentier qui part vers les bergeries des Pozzi pour descendre plein sud par une série de lacets en direction du col de la Fascla (1 430 m). En franchissant l'arête, on reprend notre descente vers le col de Verde (1 289 m), petit ravitaillement possible. On repart par une piste forestière avant de retrouver un sentier qui s'en vient entamer une belle montée à travers une forêt. Rejoindre ainsi la Bocca d'Oru (1 840 m) avant de prendre plein sud pour rejoindre sur un plateau le refuge de Prati.

11e étape : refuge de Prati (1 840 m) - Punta Cappella (2 041 m) - refuge d'Usciolu (1 750 m)

Dénivelée : 650 m environ

Horaire : 5 à 6 h

Partir au sud-ouest pour venir rejoindre une crête. Au milieu des aulnes, on va gravir les dernières pentes qui entourent la Punta Cappella et que l'on laissera à gauche en atteignant un contrefort vers la cote 2000 m. En restant à cette altitude, on rejoint une descente qui mène à la Bocca di Campitellu (1910 m). On évolue près de l'arête à travers des gros blocs et se diriger vers le col de Rapari (1 614 m), généralement en restant près de l'arête. On rejoint ensuite la Bocca di Laporo (1525 m), col où se croisent le GR 20 et le circuit *Tra Mare e Monti*. Reprendre vers le sud toujours près de la crête, passer au pied de la Punta Mozza avant de franchir la Bocca di a Furmicula (1 950 m). En basculant sur l'autre versant, on rejoint sans difficulté le refuge d'Usciolu.

Le refuge de Pétra Piana.

12e étape : refuge d'Usciolu (1 750 m) - mont Incudine (2 134 m) - refuge d'Asinao (1 536 m)

Dénivelée : 600 m

Horaire : 9 à 10 h

Repartir sur cette ligne de partage des eaux. Par une première montée d'environ 100 m, passer à la Bocca di Suragheddu. Continuer comme la journée précédente en prenant une direction sud-ouest, on croise des rochers

La passerelle de Spasimata.

travaillés par le vent et l'érosion, rejoindre alors la Punta di a Scaddatta (1 836 m) puis la Bocca di l'Agnone (1 570 m). On traverse ensuite une forêt de hêtres en suivant la crête de Lattone, puis le ruisseau d'Allucia, puis de Cavammare avant de tomber sur un croisement. Le chemin de droite part sur Zicavo, le laisser pour continuer en direction de l'ancien refuge I Pedinielli (1 623 m). On part vers l'est pour atteindre l'arête Nord du mont Incudine, exactement au col de Luana (1 805 m). Par des rochers, on atteint alors le sommet. Continuer légèrement au sud-ouest en descendant avant de bifurquer carrément pour venir se mettre dans l'axe d'une pente raide qui mène directement au refuge d'Asinao (1 536 m).

13e étape : refuge d'Asinao (1 536 m) - col de Bavella (1 218 m) - col de Finosa (1 206 m) - refuge di Paliri (1 060 m)

Dénivelée : 250 m environ

Horaire : 6 à 7 h

Effectuer une traversée descendante pour rejoindre un croisement de sentiers. Laisser à main droite le chemin qui part vers Quenza, traverser le ruisseau d'Asinao puis remonter jusqu'à la bifurcation qui offre la possibilité soit de passer au cœur des aiguilles de Bavella (plus alpin, main courante) soit de contourner le massif pour arriver, dans les deux cas, au col. Pour la solution la plus simple, prendre le sentier main droite afin de passer sous la crête du Pargulu et accéder ainsi sans difficulté au col même.

Col de Bavella : restauration, ravitaillement, hébergement possibles.

Jean-Paul Quilici.

Nous vous conseillons, après avoir refait le plein, de continuer jusqu'au refuge di Paliri pour passer une dernière nuit tranquille en altitude sur un plateau d'où l'on aperçoit le lever du jour. Pour cela, continuer en descendant vers le sud-est, dépasser le ruisseau de San Petru près d'un petit barrage (1 020 m) puis suivre pendant quelques mètres un chemin forestier avant de le quitter à droite pour emprunter un nouveau sentier qui, par une série de lacets, conduit au col de Finosa (1 206 m). Descendre versant sud-est par des courts lacets tracés dans un large couloir boisé jusqu'à environ 1 050 m puis partir sur la gauche à flanc. On traverse des forêts de pins avant de trouver le refuge di Paliri.

14e étape : refuge di Paliri (1 060 m) - cabanes de Capeddu (850 m) - Conca (252 m)

Dénivelée : 40 mètres positifs

Horaire : 5 h

Suivre le sentier qui part au sud-est, passer au pied

La Paglia Orba au coucher du soleil.

de la Punta di l'Anima Dammata puis à la Bocca di Monte-Bracciutu (971 m). Après une dépression, rejoindre l'arête qui passe à la Bocca di u Sordu (1 040 m). Le sentier traverse les ruines de Capeddu (850 m) puis une forêt détruite par un incendie avant d'accéder à la Bocca d'Usciolu (587 m). Une dernière descente mène à la fontaine de Radicale (365 m) qui domine Conca et que l'on rejoint par la route. Conca : possibilité de prendre un taxi ou un car pour descendre sur Porto-Vecchio.

Le cirque de Bonifatu ; au fond, la mer.

PRATIQUE

Généralités

Le GR 20 est sans conteste le GR le plus difficile de France, d'abord par le terrain, extrêmement minéral. Il est souvent peu marqué et évolue sur des sentes, des arêtes où il vaut mieux avoir un sens de l'équilibre. Par l'engagement ensuite. Situé loin des vallées habitées, en cas d'accident, ce peut être un handicap. Par le climat aussi, on a beau être en plein cœur de la Méditerranée, le mauvais temps arrive très vite sur les cimes, d'une façon même brusque. Les orages peuvent y être extrêmement violents et les vents forts n'y sont pas rares. Enfin, il est nécessaire de porter des sacs conséquents ; l'absence de ravitaillement, la non-possibilité de prendre des repas dans tous les refuges obligent le randonneur à devenir en grande partie autonome. Quand on sait que cet itinéraire dure entre 10 et 15 jours, cela donne tout de suite une idée du poids à charrier. La contrepartie de tout cela ? Une nature intacte, des gens authentiques, des paysages fabuleux qui renforcent la légende de ce circuit en passe de détrôner, en terme de fréquentation, le tour du Mont-Blanc.

En conclusion, cette traversée de la Corse est réservée à des randonneurs expérimentés, entraînés, autonomes qui pourront l'apprécier alors à sa juste mesure.

Accès

Par la mer au départ de Marseille, Nice, Gênes en Italie *(Corsica Ferries)*. Compter en moyenne entre 3 et 12 h pour une traversée. Puis selon votre port d'arrivée (Ajaccio, Calvi ou Bastia), rejoindre le départ de la randonnée qui se situe à Calenzana à une vingtaine de kilomètres de Calvi.

Pour la partie française, vous pouvez obtenir des renseignements auprès de la SNCM à Paris, tél. : 01.49.24.24.24

Saison

Ce circuit se déroulant souvent en haute montagne, empruntant parfois des cheminements à travers des barres rocheuses, il est préférable d'attendre que les principaux névés aient fondu. D'autre part, en début de saison, les quelques points de ravitaillement risquent d'être fermés. La période du 15 juin au 15 septembre semble être la meilleure période pour parcourir ce GR.

Bibliographie

L'incontournable livre de la FFRP qui, avec ses nombreux conseils, précisions, complète admirablement notre présentation : topo-guide FFRP *GR 20 Haute Corse, Corse du Sud*

Lacs de la Montagne Corse, Alain Gauthier, Jean-Paul Quilici, éditions Glénat

Corse, les plus beaux sentiers, Jean-François Devaud, éditions Glénat

Corse, 261 itinéraires de randonnées pédestres, Michel Fabrikant, François Dénarié, Didier Richard

Corse, les Chemins de l'Eau, Charles Pujos, Didier Richard

Montagnes de la Corse, Jean-Paul Quilici - Francis Thibaudau - Stéphane Pennequin, éditions Milan

La Corse, les 100 plus belles courses et randonnées, Henri Agresti et Jean-Paul Quilici, éditions Denoël.

Cartographie

Pour une présentation générale et pour mieux se repérer, les deux cartes au 1/50 000e de chez Didier Richard n° 20 Corse Nord (De Calvi à Vizzavona) et n° 23 Corse Sud (De Vizzavona à la montagne de Cagna).

Si vous voulez partir avec des cartes plus précises, cartes au 1/25 000e de l'IGN,

n° 4149 OT Calvi/Cirque de Bonifatu/Parc Régional de la Corse

n° 4150 OT Porto/Calanche de Piana/Parc Régional de la Corse

n° 4250 OT Corte/Monte Cinto/ Parc Régional de la Corse

n° 4252 OT Monte Renoso/Bastelica/ Parc Régional de la Corse

n° 4253 OT Petreto Bicchisano/Zicavo/ Parc Régional de la Corse

n° 4253 ET Aiguilles de Bavella-Solenzara/ Parc Régional de la Corse

n° 4254 ET Porto Vecchio/ Parc Régional de la Corse

Matériel

D'abord un équipement de randonnée irréprochable, de bonnes chaussures avec des semelles adhérentes, un sac à dos portant correctement et des vêtements suffisamment efficaces pour supporter les baisses de températures et surtout une météo délicate (vent, pluie). Ensuite une boussole, voire un altimètre pour être parfaitement autonome. Enfin un duvet, il n'y a pas de couvertures dans les refuges. Par contre, les refuges mettent à disposition du matériel de cuisine et du gaz.

On peut aussi emmener un maillot pour se baigner dans les nombreuses vasques que l'on croise tout au long du parcours.

Secours

Centre de secours, Corse du sud, tél. : 04.95.29.18.18

Centre de secours, Haute-Corse, tél. : 04.95.30.36.32

Renseignements

Parc Régional de la Corse, Ajaccio tél. : 04.95.21.56.54

Maison d'information Randonnée du Parc Régional à Calvi auprès de l'office du tourisme, tél. : 04.95.65.16.67 ou à Porto Vecchio, tél. : 04.95.70.50.78

Météo : 08.36.68.02.20

Hébergements

Les refuges du Parc ne servent pas de repas, ils ne sont pas tous équipés d'un téléphone et il est impossible d'y effectuer des réservations. Il est donc conseillé d'y arriver de bonne heure, d'abord pour ne pas subir les grosses chaleurs mais aussi pour avoir la garantie d'y être hébergé.

Nous vous donnons ici le maximum de renseignements et les capacités d'hébergement de chaque refuge ou gîte d'étape.

A noter que le camping et les feux sont formellement interdits. Il est simplement possible de planter sa tente aux abords des refuges (environ 15 F, accès aux commodités dont cuisine).

La liste qui vous est ici fournie est donnée dans l'ordre de votre progression.

- Refuge Ortu di Piobbu, PNR, 30 places, gardé l'été.
- Refuge Carrozzu, PNR, 26 places, gardé l'été.
- Refuge Tighjettu, PNR, 48 places, gardé l'été.
- Refuge de Ciottulu di i Mori, PNR, 30 places, gardé l'été.
- Col de Verghiu, Hôtel Castel di Verghio, 30 places, tél. : 04.95.48.00.01, ouvert toute l'année.
- Refuge de Manganu, PNR, 30 places, gardé l'été.
- Refuge de Pétra Piana, PNR, 30 places, gardé l'été.
- Refuge de l'Onda, PNR, 15 pl., gardé l'été.
- A Vizzavona, 2 adresses (mais il y a d'autres possibilités d'hébergements), hôtel-restaurant Beauséjour, 22 places (dortoirs + chambres), tél. : 04 95 47 21 13
- hôtel-restaurant le Moderne, 25 places (dortoirs + chambres), tél. : 04 95 47 21 12
- A Capanelle, refuge PNR, 15 places gardé l'été ou Hébergements et restaurations chez Mr Maurizi, 35 places ,tél. : 04.95.57.01.81 ou chez Mr Pieri, 60 places, tél. : 95.57.07.67 ouverts tous les deux de juin à octobre.
- Refuge de Prati, PNR, 28 pl., gardé l'été.
- Refuge d'Asinao, PNR, 30 places, gardé l'été.
- Refuge d'Usciolu, PNR, 32 places, gardé l'été.
- Refuge di Paliri, PNR, 16 places, gardé l'été.

L'auteur et l'éditeur ne sauraient en aucun cas être tenus pour responsables d'accidents survenus dans les itinéraires présentés dans cet ouvrage, sachant que le randonneur ainsi informé des risques encourus reste le seul maître de sa destinée et des choix qu'il opère par rapport à ses capacités ou aux risques inhérents aux conditions particulières de la montagne.

Réalisation : Tifinar (Voreppe - Grenoble)

Gravure : Graphique Productions (Chambéry)

Achevé d'imprimer en mai 1998 sur les presses de *Grafiche Zanini* à Bologne (Italie)